전쟁이 맺어준
우정

전쟁이 맺어준 우정

초판 1쇄 발행 _ 2021년 2월 15일
초판 2쇄 발행 _ 2021년 5월 30일

지은이 _ Carl L. Powers
옮긴이 _ 박소영
펴낸곳 _ 바이북스
펴낸이 _ 윤옥초
책임 편집 _ 김태윤
책임 디자인 _ 이민영

ISBN _ 979-11-5877-227-7 03230

등록 _ 2005. 7. 12 | 제 313-2005-000148호

서울시 영등포구 선유로49길 23 아이에스비즈타워2차 1005호
편집 02)333-0812 | 마케팅 02)333-9918 | 팩스 02)333-9960
이메일 postmaster@bybooks.co.kr
홈페이지 www.bybooks.co.kr

책값은 뒤표지에 있습니다.

책으로 아름다운 세상을 만듭니다. — 바이북스

* 바이북스 플러스는 기독교 신앙의 본질을 담아내려는 글을 선별하여 출판하는 브랜드입니다.

A Heart Speaks

전쟁이 맺어준 우정

카얼 파워스 Carl L. Powers 지음

바이북스 †
ByBooks

한국의 한 소년 빌리 김(김장환)은
한국 전쟁 중에
미군 병사 한 사람을 만났다.
그 우연한 만남은
그들 평생에 함께한 우정의 기폭제가 되었다.

들어가는 글

내 인생의 멘토였고 후원자였던 카얼 파워스 상사를 처음 만났을 때 나는 16살이었다.

그는 성공한 사업가도, 부유한 집안의 상속자도 아니었다. 버지니아주의 시골 마을 단테에서 고등학교를 졸업하고 자원입대하여 한국전쟁에 파병된 군인이었다.

전쟁의 참혹함을 목격한 카얼은 학교를 잃고 꿈을 잃은 어린 아이들을 보며 마음이 뜨거워졌고 한 사람만이라도 돕고 싶었다고 한다. 그 때 카얼의 눈에 내가 보였던 것 같다. 그로 인해 나는 미국에서 교육을 받을 수 있는 기회를 얻게 되었다.

그 때는 미쳐 알지 못했지만, 이것은 하나님의 놀라운 계획의 시작이었다.

"안녕 빌리, 미국에 가서 공부하지 않을래?

전쟁터에서 만난 카얼 파워스 상사의 한 마디 질문은 나의 인생은 물론 그의 인생도 바꾸어 놓았다. 만약 내가 "좋아요"라

I was 16 years old when I met my mentor and friend Carl Powers. He wasn't a successful businessman, nor was he the heir to a wealthy family. Carl was a high school graduate from Dante, Virginia, who volunteered to join the army and was assigned to the Korean War.

Once he witnessed the devastation of war, Carl had a growing desire to make a small difference.

That desire eventually provided an opportunity for me to receive an education in America. I didn't realize it then, but this was the beginning of God's amazing plan. Who would have ever imagined that one question in the middle of war would change the course of one Korean houseboy as well the course of one American soldier; "Hi Billy. Would you like to go to America to study?"

If I answered "yes", it meant Carl would bypass his opportunity to be discharged from military service due to the time re-

는 대답을 했을 때 그는 자신의 꿈을 포기하는 것 까지는 아니더라도 자신의 계획이 늦어질 것이라는 것을 예상했을 것이다. 그러나 그는 자신의 제대와 대학 진학을 연기해서라도 나를 돕기로 선택했다. 당시의 카얼은 예수님을 알지 못했지만 그의 결심과 행동은 예수 그리스도를 닮아 있었다.

전쟁으로 피폐해진 나라에서 미국으로 10대 소년을 데려가는 것은 쉬운 일이 아니었다.

그는 먼저 통역관을 대동하여 수원의 작은 초가집을 찾아와 우리 어머니를 설득한 후 당시 부산에 있던 임시정부를 찾아가 여권을 발급받고 미국의 사립 고등학교 입학허가를 받아주었다.

그의 노력은 여기에 그치지 않고 내가 미국에서 공부하던 8년의 시간 동안 계속되었다. 나의 등록금, 기숙사비 등을 마련하기 위해 자신의 대학 입학도 미루었지만, 내게는 작은 아르바이트도 허락하지 않고 학업에만 집중할 수 있도록 도와주었다.

그는 고향과 가족에 대한 그리움이 가득한 나에게 가족이 되어주었으며 중요한 결정의 순간마다 진심으로 조언해 주었다.

1959년 가을, 아내 트루디와 함께 한국으로 돌아갈 준비를 마쳤을 때 그는 나에게 이 책에 담긴 편지들을 전해주었다.

김장환

quired to secure my documents to leave the country and help me apply to a school in the U.S. But it also meant that Carl would be postponing, if not forfeiting his own goals for education.

In the end, Carl decided on a more difficult path. He chose to help me study and gave up his own chance to study. His choice was indeed Christ-like, as much as I could understand what it meant to be Christ-like.

It is obvious that Carl made a lot of effort and sacrifice to take a teenage boy from a war-torn country to America. After coming to our thatched-roof home in Suwon with an interpreter to persuade my mom, he proceeded through the process of getting a passport and registering me at a school in South Carolina.

Carl's effort didn't just stop there but continued on for another 8 years while I studied. By postponing his own studies, he worked tirelessly to pay for my tuition, room, and board. Beyond monetary support, Carl always stood by my side as a mentor in times of challenge, and a brother when I became homesick.

In the fall of 1959, as my wife Trudy and I were departing to Korea, Carl gave me a collection of letters which make up this book.

Billy Kim

차례

서문

한국 전쟁이 한창이던 때에 만난 소중한 친구이고, 선하고 품위 있는 것을 존중하는 모습이 햇살같이 인상적이었고, 모든 상황에서 사랑과 겸손이 보석같이 빛나는 김장환(빌리)에게, 8년 동안 끊임없이 성장했고 그리스도로 아름답게 물들어 있는 우리 우정에 대해 내가 갖고 있던 생각을 짧은 글로 나누고자 한다.

비록 우리 사이에 거대한 바다가 있다 해도 이 모든 글을 관통하여 흐르는 나의 기도는 앞으로도 꾸준히 자라갈 우리 우정의 시작일 뿐이다.

"전쟁" 중에 우리는 만났고
"평화" 가운데 헤어졌다.
그 전쟁과 평화 사이에서
하나님께서는 우리 두 사람의 마음을 사로잡으셨다.

To you, Jang Hwan (Billy) Kim, whose friendship I found in embattled Korea, whose respect for all that is good and decent glows like sunshine, whose kindness and humility shines like precious gems in every situation, I present these seven simple messages to express my consideration of these eight memorable years of your unbroken, growing, Christ-imbued friendship.

Running beneath and thru all these messages is my prayer that these few years mark only the beginning of a friendship that will grow steadily thru the years to come, even though a huge ocean sits between us. In Christ there is no dividing ocean···.

In "War" we met.
In "Peace" we part.
Between the two,
Christ won our hearts.

그리스도 안에서
나의 소중한 친구이자 형제인
빌리에게

   하늘의 거룩한 복을 누리며 무척이나 많은 일들로 쉼 없이 달려온 네 삶의 시간은 이렇게 속히 지나갔다. 하나님 은혜로 우리가 함께 누렸던 우정과 네가 이룬 업적, 또 우리가 함께 걸었던 8년의 짧은 인생길을 돌아보며, 모든 진심과 사랑을 담아 나의 마음을 표현하고 싶은 간절한 바람이 있었다. 마음을 이렇게 자유롭게 표현하는 것이 내게는 자주 있는 일이 아닐뿐더러 오히려 매우 드문 일이다. 이것은 어떤 평가를 넘어 내 인생에 우정을 가져다준 소중한 친구에게 경의를 표하기 위한 특별한 경우이다.

   하나님께서는 결코 찢어지지 않는 진실한 사랑의 천으로 우

TO MY BROTHER IN CHRIST
MY FRIEND BEYOND A PRICE

As restless Time closes so soon this eventful and divinely-blessed phase of your life, my heart in all sincerity and love desires to express itself in review of our friendship, your accomplishments, and our short eight – year trip together along the trail of life by the Grace of God. It is not often –– nay, a rare thing when I license my heart to speak so freely. But this is a special occasion in honor of a special friend who has brought into my life a friendship beyond evaluation.

God has fashioned around our inconspicuous hearts an unbreakable fabric of genuine love. I think you sense this bond

리의 보이지 않는 마음을 감싸주셨다.

이 유대감을 나뿐만 아니라 너도 동일하게 느끼리라 확신한다.

나는 여기서 너를 칭찬하거나 높이려 하지 않을 것이다. 왜냐하면 우리가 소유한 모든 것, 심지어 이 우정조차도 하나님의 선물이기 때문이다.

"온갖 좋은 은사와 온전한 선물이 다 위로부터 빛들의 아버지께로부터 내려오나니…"(약1:17).

이 글에서 발생될 수 있는 모든 의미와 추론들이 오직 우리의 우정만을 가리키길 원한다. 그것은 우리 주 그리스도 안에서 우리 서로에게 양분을 주고 서로를 지켜주었던 우정이다.

between us with the same certainty that I feel it. I do not intend to praise or exalt you, for all that we have – even our friendship – is a gift of God.

> "Every good and every perfect gift is from above, and cometh down from the Father of Lights…"(James 1:17).

I want all implications and inferences that might arise from these messages to point to one unequivocal fact –– our friendship as is nourished and secured in Christ our Lord.

이 세상에 살고 있는 26억(1950년도 세계 인구수)의 많은 사람들 중에 오직 한 사람만이 나를 이해한다. 나를 바라보는 다른 사람들에게 이것은 마치 안개가 자욱한 창문 너머로 삶의 낯선 움직임을 엿보는 것과 같을지도 모르겠다.

너는 내 인생을 가로질러 휩쓸어버리는 강풍같이 외로움의 섬광을 느끼게 했고, 때로는 내 인생을 송두리째 집어삼키는 파도와 같았고, 뿔뿔이 흩어지는 구름을 보아야 하듯 채울 수 없는 갈망을 느끼게 했으며, 나의 주 예수님은 그의 모든 장엄한 영광 가운데 나를 부르시고 그 길을 걷게 하셨다.

나는 세계 어디를 가더라도 향수병을 앓아본 적이 없다. 왜냐하면 내가 어디에 있다 해도 나는 동일하고 낡은 슬픔과 죄, 유혹에 늘 직면하기 때문이다. 다만 나는 "요단강 건너에 있는 땅"에 대한 향수병이 있다.

밥 존스 대학교에 입학하여 처음 몇 개월이 지난 후에 너는 외로운 자아를, 기억의 날개를 타고 날아오르는 너의 향수병의 영을 "고요한 아침의 나라"로 보내버렸다.

Of the 2,600,000,000 people occupying this troubled globe, only one person of that number understands me. To others looking at me, I guess it is like peering at a strange stirring of life behind a misty window pane.

It is you who seems to sense the flashes of loneliness that sweep like gales across my life and they do, the waves of restlessness that occasionally engulf me -- and they do, and the insatiable longing I have to see the clouds burst asunder and Jesus my Lord in all His majestic glory step thru to call me home.

I have never been homesick for one place or another on earth, for no matter where I am, I face the same old sorrows, same old sins, same old temptations.

But I am homesick for the "Land just over Jordan." In your first few months at Bob Jones University you turned a lonely self to the west and sent your homesick spirit soaring away on

육체를 뛰어 넘어 네 마음은 고향의 옛 추억을 따라가려던 것을 나는 안다. 그러나 물리적 법칙으로 인해 그 즐거운 비행이 구속될 때 그것은 네게 얼마나 당혹스럽고도 고통스러웠을까!

사랑의 날개가 하늘 본향을 사모하는 나의 영을 "영원한 고요의 나라"로 데려가 주기를 참을성 있게 기다리며 나는 저 천국을 바라본다.

wings of memory to the "Land of Morning Calm."

I know your heart all but leaped from your breast in an attempt to follow your memory, but what perplexity it must have suffered at being restrained from that joyous flight by physical laws!

Today I turn my self to heaven above, patiently waiting to have my Heaven – sick soul whisked away on wings of Love to the "Land of Eternal Calm."

인간 삶에서 벌어지는 여러 불가사의에 대해 나는 궁금해 하곤 했다. 사람들은 자신의 의지와 상관없이 이 세상에 태어난다. 죄로 인해 자신의 의지와는 달리 영적으로 육적으로 불운한 인생을 맞게 되고, 이런 죄의 본성으로 인해 병으로 고통 받으며 힘들어 하고, 자신의 의지에 반해 흔들리는 세상의 시험을 통과하며 오래 고생을 한다. 그리고 마침내 큰 파도가 모든 것을 쓸어가듯이 죽음은 시간과 영원에서 그의 전 존재를 지우는 것 같다.

그러나 인생길을 따라 걸으며 지혜의 꽃에서 모아진 달콤한 과즙은, 나와 모든 사람이 우연히 태어난 것이 아니라 하나님의 뜻과 목적에 따라 태어났다는 사실을 내게 알게 해준다.

인류와 생명을 위한 하나님의 위대하고도 완전한 공식 속에서 나는 그저 한 작은 인물일 뿐이다. 그러나 하나님은 사랑 안에서 인간에게 그 시험과 고난에서 피할 길을 주신다.

I used to wonder about the strangeness of man's life. Man was born into this world against his will, if that can be said, spiritually and physically doomed by sin against his will, forced to suffer the ills of this human nature and to toil and trudge so long thru the trials of this turbulent world against his will, and then in the end, death in just one great, cataclysmic sweep erases seemingly his whole existence from Time and Eternity.

But the sweet nectar gathered from flowers of wisdom along life's way has nourished me to the knowledge that I and every man was born not of chance but of the will of God and for a purpose.

I am but one small figure in God's great consummative formula for mankind and life. In love God offers man a way out of his own chosen path of trials and troubles.

나무가 존재하는 이유가 있다.

바다가 존재하는 이유가 있다.

태양이 존재하는 이유가 있다.

그리고 내가 존재하는 이유도 있다.

There's a reason for the tree.

There's a reason for the sea.

There's a reason for the sun:

And there's a reason for me.

미군 막사 옆에서
하모니카를 부는 빌리

Billy playing harmonica
next to the US military
tent

목적이 있는 존재는 자신이 태어나기 오래전에 세워진 미래의 계획을 성취하는 데에 삶의 방향을 맞춘다. 전능하신 하나님의 인도하심으로, 이 계획이 완전한 승리를 거두기까지 모든 사람 곧 젊은이와 노인, 남성과 여성 모두는 불가피하게 연결된다.

모든 사람은 존재의 목적을 갖고 태어난다. 그러나 그가 창조주이시며 그의 영혼을 사랑하시는 하나님을 거부하게 되면, 그는 목적 없는 공허한 영벌의 삶을 살게 된다.

인간의 죄는 그리스도의 피 값으로 지불되어, 더 이상 영원한 죽음에 처해지지 않는다는 사실, 즉 그리스도를 믿음으로 말미암아 더 이상 둘째 사망에 거하지 않고 하나님 아들의 자격으로 들려 올라간다는 사실은 얼마나 고귀한가?

그 귀한 선물을 우리에게 주시기 위해 대가를 지불하신 그 사랑은 얼마나 심오한가!

Purposeful existence points to the fulfilling at a future date of a plan laid long ago before the coming of man. As this plan is swept toward completion under the guidance of Omnipotent God, all people, young and old, male and female, are inextricably involved unto the end.

Every man is born into a purposeful existence; but from the moment one rejects God his Creator, the Lover of his soul, he starts living a purposeless life, sickening, hollow, aimless, with eternal damnation as the raw consequence.

How precious is that blood – bought fact that man is no longer doomed forever by sin, nor any longer under the slaughtering sceptre of the second death, but can be lifted up by faith in Christ to the position of a son of God!

What profound love bought for us that precious gift!

그리스도의 보혈이 어둠을 뚫었을 때
소망의 꽃이 활짝 피었다

오, 나의 영적인 근육을 움직여 육신이라는 장애물을 넘어, 그분의 뜻에 온전히 나를 복종시킴으로 내 존재 목적에 기쁘게 참여하기를 나는 얼마나 오랫동안 바라왔던가. 만일 내 육신과 영혼에 몰아치는 사탄의 폭풍우를 무사히 헤쳐 나갈 수 있다면, 나는 어떤 식으로든 나의 주님께 가치 있는 존재가 되길 바란다.

나는 누군가의 어두운 얼굴에 미소를 심을 수 있고, 낙심한 자의 눈에 생기를 줄 수 있고, 그리스도에 대한 이야기로 그 가슴을 뛰게 할 수 있고, 한 영혼이 새로운 아침을 맞을 수 있게

WHEN THE BLOOD OF CHRIST PIERCED THE GLOOM, A FLOWER OF HOPE BURST INTO BLOOM

O, how I long to flex my spiritual muscles and shatter this garb of fleshly hindrances and happily attend to the purpose of my existence in complete submissiveness to His will. If I can weather the satanic storms on body and soul, I hope to be of some value to my Lord in some way again.

Maybe I can plant a smile upon a grim face, drop a sparkle into down – cast eyes, thrill a heart with news about Christ, open to a soul a new morning, fresh with dew – drops from heaven or sweeten another life with kindness. My usefulness

하고, 하늘의 이슬 방울로 새로워지게 할 수 있고, 사랑으로 다른 사람의 삶을 달콤하게 만들어줄 수 있을 것이다.

너의 삶에서 그분의 뜻을 이루는 데 있어 나의 몫을 다한 것 같다.

그것은 마치 경사진 정상에 오르려는 다른 사람을 돕기 위해 나의 힘을 더해 주었다가, 이 후 그가 스스로의 힘으로 정상에 오르는 것을 목도하는 것과 같다. 물론 할 수 있는 한 나는 너와 트루디를 늘 실질적으로 도울 것이다. 하나님께서 너희 상황을 내게 알게 하실 때마다 나는 너희들을 위해 1분, 5분이라도, 혹은 한 시간이라도 기도할 것이다.

오, 나의 영혼아, 이 세상에 머무는 동안 하나님의 일터에서 유용한 도구가 되기를 사모하라!

in the furtherance of His will in your life is about gone.

It is like the giving of my strength to assist someone to the summit of an incline and then see him sweep away on his own power. Of course, I shall always help you and Trudy as much as I can materially. And I shall pray for you, a minute, five minutes, or an hour –– just whenever my mind finds you.

O, my soul, seek to be a useful tool in God's workshop on earth!

내가 너를 위해 수고한 것에 대한 결과로, 이후 하늘에서 면류관이 나의 나타남을 고대한다고 너는 말한다. 그러나 네가 그렇게 말할지라도, 나는 아무것도 기다리거나 말하지 않는다. 내 개인적인 보상을 위해 한 사람의 생명만큼 소중한 것에 나는 결코 손대지 않을 것이다.

설혹 내가 너를 위해 수고를 했다 해도 그것은 나에게서 시작된 것이 아니다. 그것은 내 마음을 감동시키셨던 하나님의 사랑에서 시작되었고, 그 사랑이 내게 자양분이 되었다.

그것은 진실하고도 변치 않는 활성화된 사랑으로, 평범한 사랑은 시도조차 못하고 포기할 수밖에 없는 일을 행하게 하셨던 사랑이다.

하늘 면류관에 대한 어떤 생각도 나의 행동에 영향을 끼치지 않았다. 만일 하나님께서 최소한의 면류관이라도 주신다면, 그것은 무가치한 나의 머리에는 너무 위대한 것이다.

You say a crown is waiting for my appearance in Heaven, as a result of what I have done for you. You may say that, but I shall wait and say nothing. I would never meddle with so precious a thing as a person's life for a personal reward.

What I did for you was born and nourished by a sincere, abiding and activating love; love not of myself, but of God, which was in my heart moving me to act and conquer problems to which ordinary love would have succumbed without trying.

No thoughts of a heavenly crown colored my actions. The least crown God has to offer is far too great for my unworthy head.

만일 축복이 면류관의 가치 있는 대체물이라면, 나는 오늘 아름다운 보석이 박힌 축복의 면류관을 겸손히 쓰고 있다. 그것은 하나님의 선물이다. 너의 우정이 루비와 같은 것은, 그것이 너무 값지고 고귀하기 때문이다.

그 루비를 두른 금테가 그리스도께 굴복한 네 마음과 같은 것은, 우리 우정이 마음속에 살아 있고 그 진실함을 시험하기 위해 많은 불 시험이 다가올 것이기 때문이다(계3:18).

그 금테를 연결하는 자수정이 그리스도께 소유된 너의 마음과 같은 것은, 가슴과 마음은 하나님을 예배하는 데 분리될 수 없기 때문이다. 다이아몬드가 너의 양심과 같은 것은, 양심은 다이아몬드처럼 강하고 내구성이 있어야 하기 때문이다.

커다란 진주가 잃어버린 자들에 대한 너의 열정과 같은 것은, 그리스도의 피를 통해 "구원받은 죄인들"이 참 교회가 되고, 그 교회가 바로 그리스도께서 종말에 자신을 드리기 위해 지금 준비 중인 진주이기 때문이다.

이것이 내가 오늘 쓰고 있는 면류관이며, 앞으로 더 많은 보석들이 더해질 것이다.

If blessings are worthy substitutes for a crown, then today, in humbleness, I wear a jewelled crown of blessings; and it is a gift of God.

A ruby is your friendship, for it is so rich and precious; a ring of gold around the ruby is your Christ-surrendered heart, for in the heart our friendship lives and to the heart many tests will come as though by fire to try its genuineness(Rev. 3:18); an amethyst connecting the gold ring is your Christbought mind, for the heart and mind are inseparable in the worship of God; a diamond is your conscience, for conscience must be as strong and durable as the diamond; a huge pearl is your compassion for the lost, for thru the blood of Christ the "saved sinners" become the true Church, the pearl, which Christ is now preparing for presentation to Himself at the end. This is the crown I am wearing today, and more jewels are being added as life moves on.

내가 이 면류관을 쓸지라도 나는 왕이 아니다.

그것이 내 마음을 겸손하게 하지만, 또한 나로 노래하게 한다. …

모든 찬양을 하나님 우리 아버지 우리 왕께 드린다.

Though wearing this crown, I am not a king:

It humbles my heart, yet it makes me sing…

All praises to God. our Father, our King.

네가 배웠던 것을
이제 사용해야 한다

시간은 사람이나 장소, 사건에 대해 공정하다. 우리 시계가 움직이지 않는다 해도 우리 존재의 시간은 계속 흐른다. 네 삶에서 특별한 순간이었던 7년의 시간이 지나갔다.

"너는 이제 곧 졸업장, 상장, 트로피, 서적과 기념품들을 모으고, 미국 친구들과 모교에게 작별을 하며, 험한 인생 들판으로 나갈 때가 되었다."

너는 생활 태도와 학업 성취와 의무에 대해 남다른 헌신을 하였고, 그에 대한 뛰어난 기록을 남기고 대학을 졸업한다. 너의 그런 기록은 그 대학교에서 전에도 없었고 그 후에도 기록되

YOU HAVE USED TO LEARN
NOW YOU MUST LEARN TO USE

Time is no respecter of person, place or event. Even though our watch refuses to run, the watch of our existence ticks on. So it is that seven years have passed in this particular phase of your life.

"It is time so soon for you to gather up your diplomas, certificates of awards, trophies, books and memories, and bidding your host of American friends and your Alma Mater farewell, and to step out onto the rugged fields of life."

You are leaving at the University an outstanding record in

지 않을 것이다.

　그 기록은 "하나님이 먼저, 빌리가 그 다음"이라는 그리스도 중심적인 너의 태도를 말해준다.

　앞으로 시간이 지난 후에라도 천국에서는 그 기록이 계속 보관될 것이다.

빌리의 대학교 친구들
Billy with his friends

conduct, scholastic achievements and unique devotion to duty.

Your record of eternal importance is not recorded as such at the University. That record is your Christ-centeredness, your "God–first–then–Billy" attitude.

The accountants of Heaven are keeping that record.

빌리의 졸업 사진
Billy's graduation ceremony

학생으로, 시민으로, 남자로서의 역할을 감당함에 있어서, 촉망되는 재능을 가진 소년 빌리는 나의 전폭적인 신뢰와 확신을 뛰어넘었다. 어제까지는 아직 꽃 피우지 못했던 너의 선함이 오늘 그 꽃을 활짝 피웠다.

나는 하나님께 감사한다. 너의 자녀들이 언젠가 그들 인생의 사다리를 오를 때, 그들은 너의 기록을 자신들의 기준으로 사용하게 될 것이다. 그리고 하나님의 숨결이 그들 삶에 생기를 주어 그들은 분명히 성공할 것이다.

In your roles as Billy Kim the student, the citizen, and the man, you have surpassed my fullest trust and confidence in you as a boy of promising ability. Your unblossomed goodness of heart and mind yesterday are today in full blossom.

I am thankful to God. I am sure your children someday will use your records as standards for measuring their own climb up the ladder of life and with the breath of God energizing their lives they shall assuredly reap success.

1958년 5월, 대학 졸업장을 받는 너를 보면서, 나의 생각은 어느 새 오래전 옛추억을 향해 달려가고 있었다. 저 젊은이가 한국에서 미군들의 더러워진 물건들을 닦아주고 물을 날라주던 그 소년이란 말인가? 저 젊은이가 내가 경산 사과밭에서 영어를 가르치려 했던 그 소년이란 말인가? 지프차가 그를 태워 데려갈 때, "안녕, 파워스. 미국에서 만날 수 있을까?"라고 미소를 지으며 말하고 헤어졌던 소년이 바로 이 친구란 말인가? 아니다! 저기 있는 젊은이는 그때 그 소년이 아니다.

그는 이제 지성을 가진 한 젊은 청년, 지식으로 확장되고 그리스도로 단단해진 따뜻한 가슴과 명민한 생각을 가진 젊은이인 것이다.

한 남자! 불과 수 년 전까지만 해도 너는 태평한 아이였다. 몇 년의 시간이 흐르면서 너는 신체적으로도 많이 달라졌지만 영적으로도 큰 변화가 있었다. 그동안 어린 소년으로의 너와 남자로서의 너 사이에 영원한 진리가 자리 잡고 있기 때문이다.

그리스도가 없는 소년과 그리스도와 함께하는 남자.

In May 1958, as I watched you receive your college diploma, my thoughts stole away to the realm of reminiscence. Could this be my little friend I used to see washing mess kits and carrying water for GI's in Korea? Is this the boy I had tried to tutor in English in Kyongsan's apple orchard?

Is this the smiling fellow who had called to me as the jeep carried him away, "Goodbye, Powers, see you in America?"

No! He is not that same boy! He is now a young, intelligent man but with that same boy's kind heart and keen mind amplified by knowledge and secured in Christ.

A man! And only a few years ago you were a carefree lad. A few years were the difference physically; but, spiritually, all eternity sat between you as a boy and you as a man – a boy without Christ and a man with Christ.

All the ingenuities and energies of mankind combined in

광속 미사일을 만든 인류의 모든 독창성과 에너지도 1조 년의 그 무한한 우주를 횡단할 수 없다. 그러나 잃어버린 양을 집으로 인도하시기 위해 그리스도는 눈 깜짝할 사이에 믿음 위에서 그것을 가로지르셨다.

미군 부대 하우스 보이 시절(1951)
Billy as houseboy to U.S. 24th Division

a missile with the speed of light could never traverse that infinite gulf in a trillion years. Yet Christ in the twinkling of an eye traversed it on faith to shepherd home a lost lamb.

너는 지식의 샘에서 오랫동안 충분히 마셨고, 이제 너는 하나님의 은혜로 네 시대의 문제를 가슴에 품고 더 새롭고 더 지혜로운 모습으로 나아간다.

오늘의 학문적 지위를 얻기 위해 너는 엄청난 시간과 에너지를 들였으며, 자기 훈련을 위해 인내하며 최선을 다했다.

소유할 만한 가치가 있는 거라면 분명 노력할 가치가 있다. 네가 지금 소유하고 있는 모든 것은 하나님의 은혜로 말미암은 것이다.

네가 더 큰 격려가 필요할 때는 그분께서 네 결심에 에너지를 주셨고, 네 마음이 슬픔 가운데 있을 때는 너를 위로하시며 잘 인내하도록 양분을 공급해주셨고, 네 마음이 흩어질 때는 그것에 버틸 수 있는 힘을 주셨다.

그분께 영광을 올려드린다.

You have drunk long and fully from the well of knowl edge, and now, by the Grace of God, you move on, fresher and wiser in the problems of your day.

You have consumed immeasurable amounts of time, energy, patience and self–discipline to attain the scholastic position you hold today.

Anything worth having is worth working for. What you have, you have earned by the Grace of God.

It was He who energized your determination when you needed the extra push, comforted your heart in its spells of sadness, nourished your patience and strengthened your resistance to distractions.

To Him be the glory.

너는 그동안 배우는 데 많은 시간을 들였다. 그러나 이제 너는 그 지식이 하나님을 위해 어떻게 사용되어야 하는지를 배워야 한다. 만일 그렇지 않으면 모든 것이 헛것이 되고, 인간 본성의 서툰 손에서 큰 시험을 만나게 될 것이다. 이 시험들은 최종적이고 결정적일 뿐만 아니라 원래 형태로 결코 회복될 수 없는 것이다.

너는 "네 삶에 대한" 판결을 받을 것이다. 그릇된 이데올로기가 사방에서 네게 몰려 들 것이다. 너는 이런 것들을 폭로하고 그것들이 잘못되었음을 입증해야 한다.

돌처럼 굳어진 마음과 혼돈스런 마음은 언제나 네게 말을 걸어올 것이다.

너는 그리스도의 복음으로 그것들을 녹이고 순화시켜야 한다. 무신론자와 회의론자들은 너를 비웃을 것이다.

너는 양날을 가진 말씀의 검으로 이런 자들을 찔러야 한다. 심지어 그들의 완고함조차도 그리스도를 위해 다른 사람을 부드럽게 할 수 있다. 이것이 네가 싸워야 할 전투이다. 모든 전

You have used so much to learn; now you must learn how to use that knowledge for God, else all will have been in vain. You will encounter your greatest tests at the indifferent hands of raw human nature.

These tests will be final and conclusive and can never be retaken in original form. You will go on trial "for your life!" False ideologies will crowd you on every side; these you must expose and disprove.

Stony hearts and adulterated minds will accost you at every turn; those you must dissolve and purify with the Gospel of Christ.

Atheist and sceptics will laugh you to scorn; these you must pierce with the two – edged sword of His Word – even their hardness can soften others for Christ. This is the battle you have to fight. In all battles the supply line is essential; let yours

투에서 보급선은 필수이다. 믿음이 바로 그것이다. 다리는 강에 걸쳐 있어야 한다. 기도로 너의 다리를 건설하라.

무기는 군인의 손 안에 있어야 한다. 너는 성경이라는 무기를 가지고 있다. 모든 전투에는 잘 훈련되고 결연한 용기가 있는 군사들이 있어야 한다. 하나님께서는 이런 자질들을 네게 주셨다. 그러므로 십자가를 네 깃발로 흔들면서, 하나님의 견고한 적들을 향해 싸우러 나가라.

전쟁은 계속되고 있으니 좌표를 그리고, 계획하고, 밀고 나가고, 기도하라. 구원받을 영혼들이 있다. 하나님이 너를 인도하시길 축복한다.

be faith. Bridges must span the rivers; build yours with prayer.

Weapons must be in the soldier's hands; you have yours – the Bible. In all battles there must be disciplined determined and courageous soldiers; these qualities God has given you. So, with the Cross as your banner waving over you, go forth to battle the entrenched foes of God.

Plot, plan, push and pray, for the battle is on.

There are souls to be saved. May God lead you thru.

그렇기에 네가 이룬 훌륭한 여러 업적에 대해 다시 한 번 축하한다. 너는 언제나 내가 기대하는 것 이상이었다. 하나님께 감사한다. 나는 단 한 번도 너를 의심한 적이 없었고, 네가 내 신뢰를 깨뜨릴까 봐 두려워한 적도 없었다.

너는 나와 이 나라 국민들과 많은 사람들에게 복이었고, 네가 우리에게 준 감동은 시간의 침식을 견디게 할 것이다. 우리가 함께했던 시간은 매우 짧았던 것 같지만, 그 시간은 달콤한 사랑의 숨결이 우리 삶에 불어왔던 순간으로 늘 기억될 것이다. 그리고 마침내 바다에 가을바람이 불 때, 우리는 헤어지는 슬픔을 맞이하게 될 것이다.

10월이 되어 배가 부두에서 조금씩 멀어져 가면 잠깐이라도 나를 생각해주길 바란다. 왜냐하면 내가 어디에 있든지 나는 네게 작별인사를 할 것이고, 마치 네가 내 말을 듣는 것처럼 소리칠 것이기 때문이다. "잘 가, 지구 어딘가에서, 아니면 천국에서 만나자."

So, again, I congratulate you on your many honorable achievements. You have exceeded all my hopes, thank God. Not once have I doubted you. Not once have I feared your breaking my trust in you.

You have been a blessing to me, my people and many others throughout this nation, and the impression you have made upon us shall withstand the erosion of time. Your stay with us, though now it seems to have been so brief, shall be always remembered as the time when a sweet breath of love blew into our lives and sad we will be when it blows out to sea this Fall.

As the ship inches away from the pier in October, think for an instant of me, for wherever I am I shall lift my hand in farewell and call out as though you could hear me, "Goodbye, Kim-san, see you somewhere on earth or in Heaven."

시간의 정원에서
가장 향기로운 꽃은
너와 나의 어머니이다

내 기억이 과거의 커튼을 열어줄 때, 나는 한국에 있는 너의
집 작은 방을 본다. 호기심 많은 구경꾼들은 애들이건 어른이건
대문과 출입구를 가로막은 채, 그들은 할 수 있는 한 집안에서
진행되는 모든 것을 듣고 보려고 한다.

나는 전투화를 벗은 채로 깔끔하게 닦여진 바닥에 한국 스타
일로 어색하게 앉아 있는 한 미군 병사를 본다. 그의 왼쪽에는 한
국인 통역관 이 선생님이 앉아 있고, 빌리의 어머니와 큰 형이 그
들과 마주 보고 앉아 있다. 그 사이에는 나즈막한 상이 놓여 있고
그 위에는 한국 음식이 담긴 접시가 가득 놓여 있다.

그 어머니 뒤에는 막내아들 장환(빌리)이 어린 조카를 부드럽

SWEETEST FLOWERS IN THE GARDEN OF TIME ARE NONE OTHER THAN MOTHERS- YOURS AND MINE

As my memory opens the curtains of the past, I see a small room in a Korean home. Many curious onlookers, both young and old, jam the gateway and the doorway, trying to hear and see all they can of the proceedings inside.

I can see a GI, without his combat boots, sitting awkwardly Korean style on the clean floor. On his left sits his Korean interpreter, Mr. Lee. Facing them are a Korean mother and her eldest son. A low table laden with dishes of Korean food stands between the two parties.

Beyond the Korean mother stands her youngest son, Jang

게 품에 안고 앉아 있다.

그 장면에서 그의 미래는 결정되었다. 그것은 그 소년의 삶 뿐만 아니라 그 미군 병사의 삶도 변화시킨 결정적인 장면이었다.

빌리의 어머니와 친척
Billy's mother and relatives

Hwan, gently holding his baby nephew in his arms.

In that scene the future of Jang Hwan was determined. From that scene emerged a decision which not only changed the boy's life but the GI's also.

경산의 옛모습
Kyeongsan in the past

만일 이 일이 성사된다면, 나는 어머니와 아들을 여러 해 동안 이별시켜야 하는 임무를 띠고 있다. 그런 이별은 젊은 어머니에게도 어렵겠지만 나이 드신 그녀에게는 더욱 어려웠을 것이다. 그녀는 이미 인생의 많은 기쁨을 잃었다. 그녀의 남편은 죽었다; 세월이 그녀의 젊음을 앗아갔다; 세상은 그녀의 힘을 약화시켜버린 상태였다. 그런데 나는 지금 그녀의 막내아들을 원했다!

기본적으로 어머니의 자식 사랑은 전 세계적으로 동일하지만, 한국에는 어머니와 자식의 유대감을 더 강하게 하는 독특한 전통과 더 깊은 존경심이 있다. 장환(빌리)은 그 어머니의 바싹 마른 목을 축여주는 시원한 냉수였고, 그늘진 그녀의 얼굴에 미소를 주던 아들이었다.

겉으로 보면, 나는 그 어머니에게서 그 "냉수"와 "미소"를 불쑥 요구하기 위해 나타난 셈이다. 일이 이루어진다면 그는 바다를 건너고 육지를 가로질러 9,000*마일이나 되는 미국의 동부

---

* 9,000마일(14,484.096km)

I was there on a mission, which, if accomplished, would separate the mother and son for a number of years. I realized that such a separation would be far more difficult for her because of her age than it would be for a younger mother. She had lost so many joys of life. Death had claimed her husband; Time had stolen her youthfulness; the earth had sapped away her strength –– and now I wanted her baby son!

A mother's love is basically the same the world over, but, in Korea there is tradition and a deeper sense of respect that knits stronger this bond between mother and child. Jang Hwan was to his mother what cool water is to a parched throat or a smile to a grim face.

Seemingly out of nowhere I appeared asking for that "cool wate" and that "smile." He would be taken to the eastern sec tion of the United States –– 9000 miles beyond waters and over land. He would attend school in that land and stay at my

지역으로 가게 될 것이다. 그는 그 땅에서 학교를 다니게 될 것이고, 나의 시골집에 머물게 될 것이다. 그는 최대한의 보살핌을 받을 것이다. 그는 과연 가게 될 수 있을까?

home in the country whenever he wished. He would be given the best of care. Could he go?

소년 빌리
Billy

내가 그 요청을 할 때 그녀의 얼굴 표정은 자신의 감정을 배신하지 않았다. 나이가 있었음에도 불구하고 여전히 초롱초롱하고 예리한 그녀의 검은 눈이 내 얼굴에 고정되었다. (그때 그녀가 내 얼굴에서 무엇을 보았을지 나는 지금도 궁금하다.)

그녀는 마치 나를 한 쪽씩 읽어 내려가는 것 같았다. 잠시 침묵이 흘렀다.

그녀는 내 얼굴을 본 적도 없고 내 이름에 대해 들어본 적도 없었다. 나는 단지 미국 병사이고 그녀는 그저 한국 여인일 뿐이다. 그녀가 나를 믿을 만한 이유는 하나도 없었지만, 오히려 나를 믿지 못할 이유는 세상에 수두룩하게 있었다. 제2차 세계대전 이후 미군과 관련된 좋지 못한 평판들이 있었다.

한국 전통에 대한 무례함, 한국 여인들과의 문제, "술집에서 즐기고 끝"이라는 태도, 그리고 그들과의 지키지 않는 약속들에 대한 보도들이 있었다. 나는 미국인이고 더구나 미국 병사였다. 이보다 더 강력한 고발이 있을 수 있을까?

그녀에게 미국은 단지 수평선 위의 빛이고, 젊은이들에게는 가보고 싶지만 그저 잠시 떠들고 말아버리는 꿈 같은 곳이다.

No facial expression betrayed her feelings when I made the request. Her keen, brown eyes, still bright despite her age, came up to fasten on my face. (To this day I long to know what she saw there.)

Silence fell as she seemed to read page by page what she saw in me. She had never before seen my face nor heard of my name: I, an American soldier, she, a Korean. She had no reason whatsoever to trust me, but every reason in the world to distrust me. There were stories of bad repute connected with GI's after World War II.

There were reports of their disrespect for Korea's tradition, their troubles with Korean women, their "good – time – bar – nothing" attitude and their broken promises. I was an American and a GI. What stronger indictment could there be?

To her, America was just a glow upon the horizon, a dream that youngsters chatted about and wanted to see.

But her––no! Her roots were down deep in the soil of her

그러나 그녀는 그렇지 않았다! 그녀의 뿌리는 그 작은 나라 토양에 깊이 내려 있었고, 그 뿌리들은 그곳에 머물 것이고, 그녀의 꿈은 더 멀리 나가지 않을 것이다. 그녀가 미국에 대해 들어본 적이 있었는지 모르지만, 나에 대해서는 들어본 적이 없었다. 도대체 나는 어떤 종류의 사람이었을까? 내게는 나를 증명할 만한 아무것도 없고, 그녀는 그 질문에 대한 대답을 그저 내 얼굴에서 찾으려 할 뿐이었다. 그를 지원하겠다는 제안만이 내가 할 수 있는 말의 전부였다.

내게는 나의 정직성을 보증해 줄 아무런 추천서도, 어떤 사람도 없었다. "진짜 아무것도 없다."

더구나 장환(빌리)은 이 일에 대해 전혀 관심이 없어 보였고, 그의 그런 태도로 인해 상황은 절망적으로 전개되는 듯했다. 그는 가길 원하지 않았기 때문에, 그녀에게 거절하라고 재촉하기 일보 직전이었다.

little country and there they would stay and her dreams would go no further away. She had heard about America but she had not heard about me. What sort of person was I? The answer to that question she sought in my face––no other proof-that was the only place. My word was all I could offer for my support.

No letters of recommendation did I have, no person to vouch for my honesty––"no nothing." The situation was made more hopeless by Jang Hwan's obvious disinterest. In fact, he was on the verge of urging his mother to refuse because he did not want to go.

마침내 그녀는 여행과 체류 기간에 관련된 몇 가지 질문으로 그 침묵을 깼다.

그리고 침묵이 다시 찾아왔다. 바로 그때, 나는 그녀가 내려야 할 결정이 얼마나 중대한 것인지를 알아챘다. 7년은 긴 시간일 수 있고, 죽음은 의외로 그녀에게 빨리 찾아올 수 있다. 그 아들이 그녀 눈앞에서 일단 멀어지면 다시는 그를 볼 수 없을지도 모른다.

그 아들이 혹시 학대를 받지는 않을까? 혹 나의 계획에 어떤 악한 음모가 있지는 않을까? 그 질문들이 그녀 마음을 얼마나 고통스럽게 했을까! 그러나 그녀는 어머니의 지혜를 십분 발휘하여 아들을 위해 올바른 결정을 내렸다.

She broke the silence with a few pertinent questions about the trip and length of stay.

Then silence again. It was then that I sensed the gravity of the decision she had to make. Seven years would be a long time and death could come so quickly. Once her son passed beyond her view, would she ever see him again?

Would her son be mistreated? Were my plans just a front for a sinister plot? How those questions grated thru her heart! But she exerted every ounce of her motherly wisdom toward making the right decision for her son.

마침내 그녀 눈가에 눈물이 고였고 그 눈물은 그녀 볼을 타고 내려왔다. 바로 그때 나는 그녀가 결정에 이르렀음을 알아챘다.

"네, 그를 데려가세요."

내게는 그 말이 기쁨으로 울렸지만, 그녀에게는 슬픔이었다. 그녀는 더 빨리 흘러내리는 눈물을 훔쳤다. 그 아들이 한국에 다시 돌아오기 전에 그녀는 어쩌면 죽을 수도 있겠다 싶었지만, 그럼에도 불구하고 그녀는 아들의 삶과 미래를 내가 돌보도록 승낙했다. 이 중대한 결정을 내림에 있어 모든 증거가 "아니다!"라고 소리칠 때, 그 아들에 대한 그녀의 내려놓음은 재판장 되신 성령께서 그녀의 마음을 감동시키셨음을 세상에 증언하는 것이었다. 그 경우, 자연스러웠을 모든 것에 저항하여 그녀 마음을 돌릴 수 있는 다른 무엇이 있을 수 있을까? 실제로 그녀는 이렇게 말했다.

"지금 여기 있는 이 아들은 내 영혼의 기쁨이에요. 그러나 이제부터 그의 삶을 당신의 돌봄 속에 맡기겠어요. 나는 당신을 믿습니다."

A tear slipped out the corner of her eye and coursed down her cheek. I knew then, she had reached the decision.

"Yes, he may go."

Those words rang joy to my heart, but sadness to hers.

She wiped at the tears which were coming faster now.

Even though she felt she would die before her son returned, she still gave her consent, placing in my care the life and future of her son. Her humbleness and resignation of heart in making this momentous decision when all evidence screamed, "No!" is a testimony to the world today that she was moved by the Spirit of God, Who was the Judge at that meeting.

What else could turn the mother's heart against all that would have been natural for her to do in such a case? In effect, she said, "Here is my son, the joy of my soul; his life is in your care; I trust you."

Trust! Trust! I can trust a person with my house, my watch,

신뢰! 신뢰! 나의 집이나 시계, 돈, 혹은 총을 다른 사람에게 맡길 수는 있다. 그러나 자녀의 소중한 생명과 삶이 달린 상황에서 나는 과연 그에게 내 아들을 맡길 수 있을까?

my money, or my gun; ---- when a precious life is at stake,

O, can I trust him with my son?

빌리 어머니와 빌리
Billy with his mother

빌리, 네 어머니의 그 신뢰가 나를 얼마나 겸손하게 만들었
는지 어떤 말로도 설명할 수 없다. 네가 그토록 사랑하는 네 어
머니는 나의 진정성에 대한 아무런 검증도 없이 어떻게 완전히
낯선 외국 군인인 나를 믿을 수 있으셨을까?

그것은 지금까지 내가 경험했던 가장 순전한 신뢰이다. 그것
을 통해 그녀는 내게 너무나 큰 명예를 주셨다. 그것은 내가 오
래도록 기억할 명예이고, 나의 성실함과 나의 특성과 나의 인격
에 커다란 프리미엄이 되었다.

Billy, no words can explain how that trust has humbled my heart. How could your dear mother, who loved you so deeply, place in me, a complete stranger, a foreigner and a soldier, so great a trust as that without any proof of my sincerity? That is the purest trust I have ever met. She paid me a great honor by doing that, one I shall long remember and one that has placed a great premium on my sincerity, my character, my person.

오래전 바로 그날, 나는 어머니의 그 신뢰를 절대로, 절대로 저버리지 않겠다고, 또한 의심받을 만한 근거는 단 하나도 드리지 않겠다고 결심했다. 이 엄청난 신뢰에 감사하면서, 내가 끝까지 그 신뢰를 저버리지 않도록 하나님께서 도우시고 인도해 주시기를 눈물 흘리며 기도했다. 다른 사람들이 느끼고 믿을 만한 어떤 것이 내 안에 있는 것에 대해, 또한 하나님께서 그분의 영광을 위해 사용하실 수 있는 어떤 것이 내 안에 있는 것에 대해 하나님께 감사한다.

Long ago I resolved never, never to violate that trust and never give her one reason for doubting me. In tears I have gone to God in prayers of thankfulness for this great trust, praying for His help and guidance in preserving that trust unbroken to the end.

I thank God for whatever that was or is in me that other-people can detect and trust and which God can use for His glory.

나는 기도할때 언제나 네 어머니를 기억했다. 내가 그녀에게서 데려간 아들이, 그리스도로 인해 구원받은 승리의 아들로 귀환하는 것을 그녀가 볼 수 있도록, 죽음으로부터 그녀를 보호해주시길 나는 하나님께 간구하고 또 간구했다.

오, 재회의 기쁨! 별들은 하늘에서 노래한다고들 하지만, 그들이 다시 만나는 날에 그들 마음은 수원 땅에서 큰 기쁨의 노래를 부를 것이다. 그날 네 어머니께서는 "그리스도 안에 있는 하나님의 의"로 멋있게 빚어진 너, 새 마음으로 아름다운 열매를 맺은 네 모습을 보며 하나님을 마음껏 찬양하실 것이다.

그리고 이 축하 행사는 이제 너와 나의 인생에서 한 막幕이 내려짐을 의미한다. 너를 위한 내 기도에 하나님께서 얼마나 풍성하게 응답해주셨는지 나는 보았다. 나는 목표를 성취했고, 하나님께서는 나의 모든 계획에 만족함을 주셨다. 나는 약속을 지켰고 네 어머니의 신뢰를 지켰다. 하나님의 은혜가 그 모든 것을 가능하게 하셨다.

I always remember your mother in prayer. I have petitioned God over and over to protect her from death in order that she might see the triumphant return of her Christ–redeemed son whom I had taken from her so long ago.

Oh the joy of that reunion! It is said that the stars sing together in the heavens, but, on that day in Suwon, reuniting hearts will sing in great joy on earth. When your mother sees you, who has been made the "righteousness of God in Him," and experiences the fruits of your new mind and heart, she will have good reason to sing praises to God.

And this celebration will mark an end to this chapter in your life and mine. I have seen my numerous prayers for you so richly answered by God; I have achieved my goal, I have satisfied all my plans. I have kept my promises, I have kept your mother's trust––I'll by the Grace of God.

그렇게 일 막幕이 끝났다.

"여호와 나의 하나님이여 주께서 행하신 기적이 많고 우리를
향하신 주의 생각도 많아 누구도 주와 견줄 수가 없나이다 내
가 널리 알려 말하고자 하나 너무 많아 그 수를 셀 수도 없나
이다"(시편40:5)

And so the chapter ends.

"Many, O Lord my God, are Thy wonderful works which Thou hast done, and Thy thoughts which are to usward: they cannot be reckoned up in order unto Thee: If I would declare and speak of them, they are more than can be numbered."(Psalms 40:5)

이 작은 시골집은
언제나 너의 집이다

신선한 물줄기가 산 구비 구비마다 흐르면서 노래하고 새들도 그에 화답하듯 합창한다. 그 소리들도 미풍에 녹아들며 가지마다 입맞춤하여 태양까지 이르러 온 세상을 촉촉히 적신다.

이곳은 바람과 시냇물의 속삭임, 매의 비행, 이슬 방울의 반짝임, 모든 새들의 노래가 창조주 하나님께서 그의 피조물들을 여전히 사랑으로 돌보고 계심을 모든 마음에 속삭이는 것 같은 환경이다. 나의 시골집은 이런 환경을 가진 곳이다.

하나님께서는 그다지 눈에 띄지 않았던 한 소년을 바다 건너 이 집까지 데려오셨다.

AS LONG AS EARTHLY LIFE ENDURES THIS LITTLE COUNTRY HOME IS YOURS

From the shadowy hollows of rugged mountains cool waters slip to the surface and sing merrily down the "big wrinkles on the mountains' faces." They are joined on their melodious treks by a great chorus of birds, whose resonant voices filter thru the breeze–kissed boughs to the sun–bathed world above.

This is the environment wherein the whisper of the breeze, the murmurings of the brooks, the flight of the hawk, the sparkle of every dew–drop, the song of every bird, seems to whisper to every heart the assurance of a living, creative God

나의 시골집에게는 얼마나 명예로운 것인가! 세상 눈으로 볼 때 그 집은 어떤 대단함이나 특별함도 없지만, 한 소년의 삶을 향한 하나님의 계획이 실행되기 위해 그 집이 선택되고 그 도구가 되었다는 것은 그 어느 것과도 비교할 수 없는 대단한 영광이다. 나의 집이 하나님께로부터 그런 기분 좋은 차별을 받을 수 있었던 것에 감사한다.

그 집은 산들보다 더 높고,
하나님의 선물인 명예로 높아졌다.

of love and care. In this surrounding dwells my country home.

To this home God caused to be brought from across the sea a lad of inconspicuous identity.

What honor, what honor indeed for a country home! No other distinctions, no matter how great in the eyes of this world, could transcend or even match that priceless honor of being chosen by God for an in strument in working out His plans in the life of a young boy. I am thankful that the quality of my home was such that it could receive from God such a pleasing distinction.

It's higher now than the mountains of sod,
Lifted there by honor, a gift of God.

헤쳇Hatchet*의 겨울은 사람들의 활동을 둔화시켰다. 그들은 활활 타오르는 난로 주위에 졸린 듯 앉아 있었다. 눈에 보이는 모든 생명의 징조는 나무들의 억센 틀 안에서 움츠리고 있었다. 산들은 잠들어 있었다. 북풍은 햇빛 없는 계곡을 가로질러 차가운 숨결을 불어댔다.

1952년 1월 19일 토요일, 겨울의 무기력함 속에 있던 헤쳇 사람들의 삶에 새롭고 생동감 있는 일이 일어났고, 그 모든 새로움은 그들에게 봄 같은 부활을 맞게 했다. 그날은, 바로 전쟁으로 피폐해진 나라 한국의 한 소년이 뷰익**에서 내려, 새로운 삶의 품으로 살며시 들어간 날이다. 하나님께서는 미국 그곳에서 두 민족을 하나로 묶으셨다. 그곳에서 여러 면에서 너무나 다른 인종의 장벽은 사랑의 힘 아래 무너졌다.

---

* 헤쳇(Hatchet)은 버지니아주 단테에 있는 카얼 파워스의 고향 마을이다.
** 뷰익(Buick)은 미국 최대 자동차회사 제너럴모터스(GM) 산하의 한 브랜드이다.

Winter had slowed activities on Hatchet. Indoors people sat sleepily around lively fires.

Trees had withdrawn within their rugged frames all visible signs of life. Mountains were asleep. A northern wind blew its chilly breath across the sunless hollows.

On Saturday, January 19, 1952, something new and alive aroused human life on Hatchet from its winter lethargy and the newness of it all induced a spring-like revival.

That was the day that a lad from war – torn Korea slipped from Carmen's Buick into the arms of a new life. There God brought together two races of men on American soil. There the racial barrier, so strong and dominant in many ways, crumbled under the power of love.

그날은, 내가 한국에 머무는 동안 네게 산만하게 설명했던, 그래서 네 상상 속에만 있던 시골 우리 집을 네가 실제로 처음으로 본 날이었다. 우리 집에 대한 너의 첫인상은 어떠했을지 궁금하다. 그날 네가 우리 집을 본 것처럼 나도 우리 집을 그렇게 볼 수 있으면 좋겠다. 너는 신선한 눈으로 우리 집을 바라봤고 어느 것에도 무관심하지 않았다.

나는 헤쳇에서 태어나고 자랐기에, 나의 시골집에 대해 "첫눈에 비친 신선함"을 깊은 마음으로 볼 수 없다. 나의 집을 세상과 격리시키는 듯한 높은 산들, 그 산들 면면에 붙어 있는 듯한 들판, 그리고 너희 나라 풍습과 너무나 대조되는 우리 풍습, 그 높은 산에 대해 네가 처음 무엇을 느꼈을지 궁금하다. 비록 투박한 미국의 시골 방식으로 표현되었을지라도, 네게 베풀어진 그 환영에서 네가 우리 가족의 진심을 느꼈기를 바란다.

That was the day your eyes viewed for the first time in reality the country home you had envisioned from my scattered descriptions in Korea.

What was your first impression? To this moment I wish I could have seen my home as you saw it that day. Your view was fresh and free from indifference.

Being born and reared on Hatchet I can no longer grasp with profoundness the "freshness of the first look." I wanted to know what you first thought of the high mountains that seem to isolate my home from the world, the fields that appear to be glued to the face of the mountains and our customs which contrasted so much with that of your country. You saw America that day expressed in a country way and I hope you felt the genuine welcome offered you.

가족 구성원의 하나로, 그리고 우리 집의 평화의 포옹으로 너를 맞을 수 있어서 너무 기뻤다. 경산에서의 어느 밤, 내가 없는 솜씨로 마당 주변의 울타리까지 스케치하며 헤쳇의 집을 네게 설명할 때, 너는 내 옆에 앉아 신기해 하며 그것을 듣고 있었다. 1952년 1월, 너는 마침내 그 울타리를 만졌고 우리 집 통로를 걸었으며, 우리 의자에 앉았고, 우리 식탁에서 함께 식사를 했다. 그 상상이 마침내 현실이 되었다!

헤쳇 집의 울타리
Fence of a house in Hatchet

Great was my joy to welcome you into our family circle and into the peaceful embraces of my home. In Kyongsan you sat at my side one night while I drew for you an artless sketch of my home, including the wire fence around the yard. In January 1952 you actually touched that fence, walked upon our walkway, sat in our chairs, ate at our table. Reality at last!

카얼 파워스의 집
Carl's home in Dante, VA(2013)

그 계획이 마치 오래전부터 준비되었던 것처럼, 너는 순식간에 우리 가족 구성원이 되었고 우리 집 일부가 되었으며, 너는 그곳을 인종이나 국적과 상관없이 다른 어떤 사람으로도 채울 수 없고 오직 너만이 채울 수 있는 공간으로 삼았다.

우리 풍습은 곧 너의 풍속이 되었고, 집안일에 대해서도 역시 그러했다. 너는 뜨거운 햇빛이 내리 쬐는 잔디밭으로 나와 함께 일하러 갔다. 아마 내가 너를 보았던 중 너는 그때가 가장 그을러진 선탠을 했을 것이다. 풀들은 네 키를 넘을 만큼 컸지만, 너의 젊은 근육들이 정확하게 큰 낫을 댈 때마다 풀은 땅에 떨어졌다! 너는 말벌을 제외하고는 태양이나 뱀 또는 그 어떤 것도 피하지 않았다.

Almost immediately you became a part of the family circle and of our home, as though by a prearranged plan, and the place you assumed can never be filled by another person re gardless of race or nationality. Our customs became your cus toms; home chores became your chores; into the grass field you went with me to labor in the hot sunshine. At that time you carried the heaviest sun tan I have ever seen on you. Your young muscles maneuvered accurately that mowing scythe and, though it was taller than you, the grass still fell! Sun, snakes or work--nothing stalled you except the yellow-jack-ets.

지하실은 너뿐만 아니라 여러 해 동안 그 건축에 쏟은 너의 모든 시간을 기억할 것이다. 네가 없었다면 내가 과연 그 일을 해낼 용기를 낼 수 있었을까 싶다. 그러나 우리 손과 우리의 용기, 우리 땀의 산물이 바로 거기에 있다. 그곳은 한국 소년 빌리를 기억나게 하는 곳이다.

나의 아버지는 외관과 계단방은 페인트칠하지 않기를 원하셨는데, 그것은 그 자연스런 모습이 너를 빨리 기억나게 해주기 때문이다.

페인트칠이 그대로 벗겨진 카얼 파워스의 집과 가구들
Peeled furniture in the Carl's home

The basement will stand thru the years in memory of you and all the hours of work you put into its construction. Witout you I doubt if I could have found the courage to undertake the task. But there it is, the product of our hands, our courage, our sweat.

There it is to remind all of the Korean boy, Billy Kim.

Dad wants the exterior and the stairway room to go unpainted because its natural appearance quickens the memory of you.

만일 대지가 네 발자국이 남긴 비밀을 벗길 수 있다면, 그것은 너의 헤쳇 생활 이야기를 들려줄 것이다. 들판, 마당, 정원, 산, 네가 아침 운동을 위해 오르락내리락하며 달렸던 헤쳇의 길,모든 곳 은 네가 경험했던 많은 일들을 드러낼 것이다. 시간이 지나면서 그것들은 이제 시야에서 사라졌지만, 내 기억은 여전히 그 미로 같은 길을 추적할 수 있다.

카얼 파워스의 집 앞에서 빌리
Billy at Carl's home

If the earth could but unveil your footprints, it would prduce a history of your Hatchet life. It would reveal your many trips over the grass field, the yard, the gardens, the mountains, up and down the Hatchet road where you ran for morning exercise——just everywhere. Time has obliterated them from view, but my memory can still trace their labyrinthian paths.

카얼 파워스
Carl Powers at his home in Dante, VA(1952)

빌리, 네가 우리 생활방식에 잘 적응하고 너에 대한 나의 계획이 잘 마무리될 수 있었던 것은, 하나님의 큰 계획 안에서 우리 아버지와 어머니께서 소중한 부분을 감당해주셨기 때문이다.

그것은 우리가 깨닫는 그 이상이다. 그들이 만일 내 계획에 반대하거나 너에게 냉랭하게 대하거나 혹은 너를 경멸하고 네게 비참한 경험을 주셨더라면, 내 계획은 쉽게 방해를 받았을 것이다.

감사하게도 그들은 이런 부분에서 이상적인 부모님이셨다. 그들이 나를 신뢰했듯이, 그들은 너의 어머니처럼 너를 신뢰했다. 내 계획이 멋지게 완성되기 위해 그 신뢰는 얼마나 필요한 것인가! 그들은 네가 올 것을 준비하셨고, 사랑의 마음으로 두 팔을 벌려 너를 환영하셨으며, 우리 집 문을 네게 활짝 열어 주셨다. "환영해, 빌리. 우리는 너를 알기 전에도 너를 사랑했고 분명히 지금도 너를 사랑해."라고 말씀하시는 것처럼 말이다.

비옥한 땅에 뿌려진 씨앗처럼, 너에 대한 그들의 사랑은 강하고도 순수한 유대감으로 싹 텄다.

그들은 우리를 위해 주님께 부르짖듯이, 지금도 너를 위해

Billy, your adjustment to our way of life and the completion of my plans for you depended more than we have realized upon the priceless part Dad and Mom played in the whole program.

They could have easily obstructed my plans by rebelling against them and turning cold hearts to you, heaping scorn on you and turning your life into a miserable experience.

Thank God, they were ideal parents in this matter. Like your mother, they trusted you as they trusted me. How essential that was for a happy consummation of my plans! They prepared for your coming, met you with open arms and loving hearts, swung open the doors of their home to you——all as if to say, "Welcome home, Billy, we loved you before we knew you and certainly we love you now."

Like a seed in fertile ground their love for you sprang into a strong and pure bond.

부르짖는데, 그것은 그들 가슴에 네가 큰 자리를 차지했음을 증명하는 것이고, 그것은 마땅히 그래야 할 일이다.

Now they cry over you as they cry over us, which attests to the position you hold in their hearts, which is as it should be.

카얼 파워스
Carl Powers

물론 너를 위한 그 계획에서 나의 형제들 역시 그 일을 즐겁게 감당하며 한몫을 했다. 너를 만난 처음 순간부터 지금까지 그들은 너를 형제처럼 받아들였다.

그들도 아버지와 어머니처럼 훌륭하다! 내가 너를 위해 얼마나 애쓰는지에 대해서 그들은 단 한 번도 묻지 않고, 오히려 격려와 이해로 내 편에 서 있었다. 그것은 내게 매우 큰 의미가 있었다. 너는 친형제처럼 그들과 가까웠고, 그들은 너를 그만큼 존중해주었다고 분명히 말할 수 있다.

나의 모든 친척들이 네게 보여준 친절도 매우 아름답다. 작은 땅 한국에서 온 네게 그렇게 단결된 사랑과 관용을 보여준 그들에 대해 하나님께 감사한다.

Of course, I cannot ignore the pleasing part my brothers fulfilled in my plans for you.

They received you in a brotherly way, even from the frst moment onward. Like Dad and Mom they were wonderful! Not once did they question my endeavor in your behalf, but, instead, stood at my side with encouragement and understanding, which meant so much to me.

I feel free to say that you are as close to them as a real brother and they respect you as one. All my relatives were wonderful in their kindness shown you. I thank God for such a united display of kindness and charity to you, a boy from little Korea.

밭이든 집이든 가리지 않고 네가 성실하게 일하면서 우리 집에 주었던 물리적인 선물에 대해 감사한다. 뿐만 아니라 네가 베푼 영적인 선물, 곧 사람과 하나님 앞에서 친절과 사랑과 존중의 방식으로 우리 집에 명예를 주었던 것에 대해서도 감사한다.

비록 네가 우리 집에 주었던 만큼의 큰 복은 아니라 할지라도, 네가 하나님께서 원하시는 모습이 되기까지 우리 집이 네 삶에 가치 있는 어떤 것을 주었고 도움이 되었기를 바란다.

생명이 너(와 트루디)를 지탱하는 한, 헤쳇의 그 집은 옛 시절처럼 너의 집이 될 것이다.

그 문은 결코 네게 닫히지 않을 것이다. 앞으로도 늘 그럴 것이다.

산과 시내가 언덕 농장과 만나는 곳,
우뚝 솟은 나무가 강인한 팔을 치켜드는 곳,
행복한 새들이 매력적인 노래를 부르는 곳,
산들바람이 부는 곳에는 아무런 해가 없다.

Thank you for your physical gifts to our home in the manner of hard work in the fields and at the house. Also, thank you for your spiritual gifts in the manner of kindness and love and respect which has honored our home before man and God.

Although our home has not given you blessings as great as those you have given it; still, I hope it has given you something of value to your life and has helped you in becoming what God wants you to be.

As long as life endures for you (and Trudy), that long shall the Hatchet home be yours as in the days of yore. Its doors shall never be closed to you.

There it shall always be ⋯

Where mountain streams meet hilly farms;
Towering trees raise rugged arms,
Happy birds utter songs of charm,

그리고 하나님의 사랑은 풍성하고 따뜻하다.

빌리와 밥 존스 대학교 총장님(1955)

Billy with Dr. Bob Jones Sr.,
Founder of Bob Jones University

Where downy breeze blows no harm.

And the Love of God is rich and warm.

트루디와 빌리
Trudy & Billy

둘은 한 몸을 이루고 한 마음
곧 한 운명이 될 것이다

1958년 8월 8일, 밤이 가까워지고 있었다. 엷은 석양빛이 옅은 푸른 하늘에 줄무늬를 넣었다. 밝은 별들이 하나둘씩 그들의 우주 공간에서 나와 살그머니 시야로 들어와서, 어둠이 미시간 지역을 가로지를 때 그 빛은 더욱 빛났다.

그 시간, 흥분된 인간의 심장과 함께 가을 딱정벌레는 소리 높여 미지의 영창詠唱을 부른다. 교회 의자에서는 속삭임이 고조되었다. 피로연장에서는 서두르는 발소리가 접시의 덜거덕거림에 합류했다. 잠시의 침묵, 그리고 그때가 왔다!

THEY TWAIN ONE FLESH SHALL BE ONE MIND··· ONE DESTINY

Night was drawing nigh on August 8, 1958. A faint glow of the setting sun streaked the powdery–blue sky. One by one the brighter stars slipped into view from their cosmic haunts and grew more brilliant as darkness stole across Michigan's terrain.

Autumn beetles burst forth in strange chants in pitch with the excited human hearts of that hour. Whispers rose from the pew sections of the church.

Sounds of hurrying feet joined the rattling of dishes in the reception room. Then silence–and the hour was there!

부드러운 음악과 노랫소리가 그 침묵을 깼다. 신랑이 대기실에서 나와 자리를 잡았다. 신부와 그녀의 아버지는 하얀 카페트가 깔린 통로를 따라 천천히 움직였다.

신랑이 가까이 왔을 때 그녀의 아버지는 팔을 풀었고, 신부는 자기 배필의 사랑과 보호의 팔을 영원히 받아들였다. 그들은 나란히 목사님을 마주 보았고, 그들의 연합이 공식적으로 선언되었다. 눈물이 살짝 맺혔다. 가슴은 그 모든 것의 엄숙함을 느꼈다.

그렇다, 어둠과 빛을 통과하고, 태양은 뜨고 지고, 많은 목소리와 소리가 있는 정글을 지나, 별이 빛나는 밤과 태양으로 빛나는 낮에, 서로를 위한 사랑과 배려로, 하나님께 대한 사랑과 순종으로, 사탄의 속임수를 경계하며 그때부터 그들은 겸손한 마음으로 걸어가야 한다.

Soft music and a voice in song broke the silence. The groom emerged from a side room and took his position. Down the long, white–carpeted aisle slowly moved the bride and her father.

Near the groom the father disengaged his arm and the bride accepted the loving and protective arm of her mate forever. Side by side they faced the minister and had their union proclaimed officially. Tears crept into eyes. Hearts felt the solemnity of it all.

Yes, thru darkness and light, from one setting sun to the next, thru jungles of many voices and sounds, beneath the nights aglow with stars and days bright with sun––in love and consideration for one another, in love and obedience to God, on guard against the wiles of satan, and in humbleness of heart they must walk as one thenceforth.

다른 국적을 가진 두 사람의 행복한 연합은 하나님과 사람 앞에서 그렇게 완성되었다. 이 젊은이들은 여러 해 동안 서로 다른 길을 걸으며 여행을 했다. 그러나 8월 8일, 그들은 교차로에서 마주 보고 있었다.

사랑은 길가에서 살짝 빠져나와 그들에게 신선하고 역동적인 어떤 것을 불어넣었다.

성경은 "둘이었던 그들은 하나의 몸이 될 것이다"라고 말한다; 이제부터 한 몸 된 그들은 오직 한길을 걷는다.

쉼 없이 일렁이는 광활한 태평양으로 분리되어 있던 거대한 한 나라와 작은 한 나라, 그 두 나라가 사랑 속에서 만났다.

그것은 마치 미국의 성조기와 한국의 태극기가 한 깃대에서 함께 펄럭이는 것 같았다. 국경이나 인종적 경계나 전통의 울타리나 언어 장벽 따위는 더 이상 없었다. 사랑이 그들의 삶에서 그 깃발을 치켜들었을 때 이런 것들은 그 의미를 잃었다.

그들의 자녀들은 미국인이면서도 한국인인 독특한 형체가

So, a happy union between two people of unlike nationality was consummated before God and man. Down thru the years unrelated paths of life had marked the trek of these young people. But, August 8 found them face to face at the crossroads.

Love slipped from the wayside and infused them with something fresh and dynamic. "They twain shall be one flesh," the Word said; It henceforth only one pathway led.

Two countries, one huge and one small, separated by the great restless Pacific, met in their love.

It was as if the flag of America and the flag of Korea had come together to fly upon the same flagpole. No longer was there national bounds, racial line, a tradition fence, a language barrier. These slipped from significance as love hoisted its banner in their lives.

Their children shall be neither American nor Korean,

될 것이다. 오직 출생에 의해 물려받은 현저한 특징이 있는 혼
혈인이 될 것이다.

but, Korean-American, a distinguishing feature inherited by
birth.

빌리와 트루디의 결혼식
Billy & Trudy's wedding(August 8,1958, Michigan)

교회와 그리스도의 관계를 결혼에 비유하는 것은 얼마나 아름다운가! 인생길에서 각 사람은 필연적으로 그리스도를 받아들이거나 거절해야 하는 교차로에 이른다. 그리스도를 받아들이는 것은, 그가 그리스도와 약혼하고 미래의 어느 날 결혼식을 올린 후 교회 몸의 일부가 되는 것이다. 그리스도를 믿는 자는 홀로 걷던 옛길에서 벗어나, 이제 그의 "형제들"과 함께 하나님께로 가는 길을 걷는다.

What a beautiful analogy to the Church's wedding to Christ! On his way thru life each man inevitably arrives at the cross roads where he must either accept or reject Christ. His acceptance of Christ makes him a part of the Church body engaged to Christ and destined for that marriage ceremony sometime in the future. In Christ the believer disappears from his old path and is seen walking with his "brothers" along the one path leading to God.

죄, 바다, 또는 피부색으로 분리된다 할지라도, 신자로 표현되는 모든 나라들은 믿음 안에서 만나 한 나라가 된다. 그들 국가의 깃발들은 부차적인 가치로 밀려나고, 십자가 깃발만이 그들 머리 위에 들려 있다. 인종의 경계, 전통의 장벽, 국경은 더 이상 없다. 그리스도의 고귀한 사랑 안에서 이것들은 부수적인 자리로 밀려난다. 더 이상 사탄과 죄의 자녀가 아니라, 거듭남으로 계승된 구별된 특징을 가진 그리스도인이다!

All countries represented by the believers, though separated by sin, seas or colored skin, meet and become one in the Faith. Their national flags slip to secondary importance and the flag of the Cross is hoisted over their heads. No longer are there racial lines, tradition fences, national bounds. These are lost in the precious love of Christ. No longer children of satan and sin, but, Christians – a distinguishing feature inherited by the new birth!

그렇다, 빌리. 그날은 언제나 네 기억 상자 속에 소중한 보석으로 간직될 것이다. 너는 세월이 흐를수록 그것에 대해 더 큰 가치를 느끼게 될 것이다. 그것은 네 삶의 책에서 항상 형광을 발하는 페이지가 될 것이다.

나이가 네 몸에 그 흔적을 남길 미래의 어느 날, 늘 네 마음을 설레게 할 그런 페이지일 것이다. 네 마음이 과거에 대한 깊은 그리움에 사로잡힐 때, 너는 하얀 글라디올러스*를 만지던 시간, 깜박이는 촛불의 따스함을 느끼던 시간, 예쁜 아내를 얻기 위해 청년으로 서 있던 카펫의 한 자리를 살짝 내주던 시간의 기억을 더듬는 너 자신을 보게 될 것이다.

그 순간의 의미를 어떻게 설명할 수 있을까!

인생에서 기쁨의 맛은 그렇게 짧아야 하는가? 어쩌면 짧은 기쁨이 우리에게 그 가치를 더해줄 것이다.

---

* 글라디올러스는 날렵하게 뻗은 잎이 무사의 검을 닮았다는 어원을 가지고 있고, 꽃말은 '밀회'다. 꽃대에 달려 있는 꽃송이의 수로 연인들끼리 약속시간을 정했다는 이야기가 전해져 온다. 하얀 글라디올러스는 결혼식 장식으로 많이 사용한다.

Yes, Billy, that day will alway be a precious gem in your memory vault. You will sense its tripling value as the years roll on. It will always be to you a phosphorescent page in the book of your life, one that will thrill you again and again in the years to come when age is stamping its marks on your body.

Your heart aching with nostalgia, you will catch yourself trying to reach back thru time to touch the white gladioli, or feel the warmth of the flickering candles or Just to tip the spot on the carpet where you stood as a young man to take unto yourself a pretty wife. How inexplicable is the meaning of that moment!

O restless time, with you is there no relief?

Must our tastes of joy in life be so brief?

Perhaps it is the brevity of our joys that accentuates their value to us.

나는 그 행사에 참여하는 것만으로도 즐거운 경험이었고, 나를 "들러리"로 세워준 것에 대해 감사한다. 네 삶의 참 기쁜 순간에 네 옆에 서 있는 것만으로도 영광스럽고 족하다. 하나님 뜻 안에서 네가 인생길을 함께 여행할 수 있는 그리스도인 배우자를 만나게 되어 기쁘다.

Just taking part in that event was a pleasant experience for me and I thank you for having me as the "best man." I was humbled with the honor of standing at your side as that great event of your life materialized. I am glad that you have found a Christian mate whom you can travel with along the trail of life in the will of God.

사랑이 너를 결혼에 이르게 했지만, 그 결혼을 지속하기 위해서는 사랑 그 이상으로 나아가야 할 것이다. 너는 연합의 신기함이 진정된 후에야 이것을 깨닫게 될 것이다. 그것은 행동하고 수고해야 하는 것이다. 남자가 이마에 땀을 흘려야 식물食物을 먹도록 선고받은 이후로, 그는 그것을 해야만 했다. 믿음은 행위의 선물이 아닌 하나님의 선물이지만, 사람은 그 믿음을 지키기 위해 수고해야만 한다. 행위는 견고한 믿음으로 충만한 마음에서 자연스럽게 흘러나온다.

믿음이 없는 행함은 죽은 것이고 헛된 것이다. 그러나 행함이 없는 믿음이란 존재하지 않는다. 진정한 사랑이 그렇듯이 진정한 믿음 역시 결코 우리를 가만히 있게 하지 않는다; 그것은 인간을 그분께 더 가까이 이끌고, 그로 하여금 열매를 맺게 하고, 그분을 위해 살도록 하는 하나님의 역동적인 힘이다. 네가 트루디를 사랑하지만 너희 둘은 그것만으로 너희의 육신의 삶을 지탱할 수 없다. 지금과 같이 너를 움직이게 하는 사랑, 그것은 너로 하여금 더 사랑하며 더 오래 살아갈 수 있도록 지탱해

Although love brought you to marriage, it is going to take more than love to sustain your marriage. This, I am sure, you realized after the novelty of the union had subsided. It is going to take action or work. Ever since man was sentenced to eke out his sustenance by the sweat of his brow, he has had to do just that. Though faith is a gift of God, not of works, one must work to keep that faith. Work automatically flows from the heart that is filled with strong faith.

Without faith works are dead, unproductive. Without works faith is not present in the heart. Like real love faith can not possibly remain static; it is the dynamic power of God, drawing man closer to Him and causing that man to fructify and live for Him. You love Trudy, but you both cannot sustain your physical lives on it alone. A love that will move you, as it is doing, to work to sustain yourselves in order that you might live and love more.

준다.

위대한 사랑에는 분명 강력한 힘이 있지만, 사랑만으로 내가
너를 이 나라로 데려올 수는 없었을 것이다. 나 역시 목표를 향
해 기도하고 성실하게 일했기에 가능했다. 사랑이 첫 번째라는
사실은 맞지만, 하나님 뜻 안에서의 행복한 결론을 위해서는 행
함이 긴밀하게 뒤따랐고, 사랑과 행함이 함께 움직였다. 너와
트루디가 서로의 행복을 위해 노력할 때, 그것이 너의 사랑을
표현할 수 있는 멋진 방법임을 깨닫게 될 것이다.

I could never have brought you to this country on love alone, though great was the strength of that love, without working prayerfully and sincerely toward that end. True, love came fist, but action followed closely and together they moved in God's will to a happy conclusion. As you and Trudy work for one another's happiness, you will find it a wonderful way to express your love.

사람들은 결혼 생활에서 이루어져야 하는 이상적인 상황을 시각화할 수는 있지만, 예수님께서 인간 안에 있는 죄를 몰아내기 전까지는, 그들은 결코 그 만족스러운 상황을 얻지 못한다.

결혼이란 본질적으로 신성한 제도이고 아름다운 것이지만, 인간과 관련되어 늘 그렇듯이 그 광채는 죄로 흐려졌다. 그러나 꽃 사이에 가시가 있다 해도, 꽃은 여전히 아름답다.

One can visualize the ideal situation as it should be in marital life, but one can never attain that pleasing status in fullness until Christ returns and drives sin from the midst of man.

Marriage is a sacred institution, a beautiful thing in essence, but, as is usual in connection with man, its luster has been dulled by sin.

Thorns appear among the flowers, but the flowers are still pretty.

그렇게, 지금 너와 트루디는 한 몸이 되었다. 너희들은 한 인생길에 있다. 너희 두 사람 모두 동일한 하나님 한 분을 사랑한다. 너희들은 한마음이 되라고 권면을 받았다. 너희 두 사람은 이제 한 운명 위에 놓여 있다.

하나됨 안에서, 사탄의 교활한 음모와 아브라함의 믿음, 욥의 인내와 야곱의 겸손함, 바울의 순종 모두를 만난다. 그리고 그 하나됨 안에서 너희들은 오래도록 풍성하고 충만한 삶을 살 수 있다.

그리고 시간이 지난 어느 날 너는 모든 수고를 내려놓고 영원한 안식의 면류관을 받기 위해 계단을 오를 것이다.

So, now you and Trudy are one in flesh. You are on one path thru life. You both love the one and same God. You are admonished to be of one mind. You both have one destiny.

In oneness meet all of Satan's sly intrigues with the faith of Abraham, the patience of Job, the humble–ness of Jacob, the obedience of Paul––and you can be sure of a long and rich and full life.

Someday you can leave your troubles at the graveside and step thru to receive your crown of rest forever.

트루디에게

    여기에서 짧은 글을 네게 덧붙이는 것은, 내가 빌리에게 전하는 모든 메시지가 너를 경시하려는 고의적인 행동을 의미하거나 함축하지 않는다는 것을 말하기 위함이다. 내가 그의 행복에 대해 말할 때, 너는 이미 그와 그의 삶의 일부분이 되었기에 그것은 너에게도 동일하게 적용된다. 빌리 역시 네 삶의 일부이고, 네 생명이 있는 한 그는 네가 자유롭게 마실 수 있는 행복의 우물이다.

To Trudy

I wish to append here a note to you to tell you that all these messages to Bill do not mean or imply a deliberate act of slighting you in any way. When I speak of Billy's happiness and life it is intended to apply to you too because you are a part of him and thus of his life. Likewise he is a part of your life and a well of happiness from which you can drink freely as long as you live.

네가 결혼하기 오래전부터 빌리와 내가 얼마나 가까웠는지에 대해 너는 이미 알았을 것이다. 그리고 우리가 서로에게 갖고 있던 친밀함과 깊은 존경이, 결혼을 생각하는 너에게 어두운 그림자를 드리웠을 것이다.

내가 그 사진에 발을 들여놓아 혹 장애물이 되지는 않을까? 내가 그 결혼에 안 좋은 영향을 미치지는 않을까? 차라리 내가 다른 극단으로 빠져서 무관심해버릴까? 사랑에 빠진 너희들에게 이런 생각은 성가신 일이었을 것이다. 물론 너희 결혼을 막을 만큼의 영향력이 내게 있지는 않았지만, 그 아름다움과 행복을 어느 정도 약화시킬 수 있었다.

Long before your marriage I am sure you discerned how close Bill and I were. And this closeness and deep respect we have for one another threw a dark shadow over your thoughts of marriage, I believe.

Would I step into the picture and become a stumbling block? Would I set my influence against the marriage? Would I slip to the other extreme and be indifferent? To you who were entranced with love these were sickening thoughts, I am sure. My influence certainly could not have prevented your marriage, but it could deaden, to some degree, the beauty and happiness of it all.

빌리의 삶과 관련된 결정을 할 때 내 몫을 가지고 있었다. 그 결정이 큰 것이든 작은 것이든 간에, 개인적인 감정을 피하고 그에게 최선이 되는 결정을 내리기 위해 나는 온 마음을 다했다. 그리고 그런 결정은 항상 존중을 받았다. 그가 지식의 사다리를 타고 높이 올라감에 따라 나의 결정은 제안으로 바뀌기 시작했고, 대학생활 후반기에는 자신의 결정을 내릴 수 있는 사람으로 그를 충분히 인정해주었다. 그때부터 나는 제안만 했다.

트루디
Trudy

I have had my share of making decisions relative to Billy's life. And in each decision, big or small, I sought with all my heart to avoid personal feelings and decide what was best for him. My decisions were always received with respect. As Billy climbed up the ladder of knowledge I began to change my decisions to suggestions and in the latter days of his college career. I gave him full recognition as a man capable of making his own decisions. Thenceforth I gave suggestions only.

빌리가 너와 사랑에 빠졌고 곧 결혼까지 하게 되리라고 나는 처음부터 알았고, 어떤 식으로든 반대할 마음이 없었다. 내가 만일 너희들 결혼을 공개적이고 적극적으로 반대했더라면 어떻게 되었을까 생각만 해도 움찔하다. 이 과정은 빌리에게 엄청난 결과를 초래할 끔찍한 시험이었을 것이다.

그의 온화한 마음에서 두 사랑은 충돌했을 것이다! 한국 전쟁터에서부터 우리가 나누었던 길고 영원하고 풍성한 우정은 너를 향한 그의 깊고 풍부한 사랑과 부딪쳤을 것이다. 그는 얼마나 고통스러웠을까!

그러나 너를 향한 그의 사랑이 그 시험에서 승리자가 되게 했다. 결혼을 반대하지 않고 나 역시 그 결혼의 기쁨을 만끽하도록 인도해주신 하나님께 감사하고 또 감사한다.

From the first day I learned that Billy was in love with you right up to your marriage, I did not have the inclination to oppose it in any way. I cringe from the thoughts of what would have happened if I had openly and actively opposed your marriage. This step would have subjected Billy to a horrible test of great consequence.

Two loves would have come to clash in his gentle heart!

The long, lasting, rich friendship we have shared from Korea's battlefields would have been thrown against his deep, rich love for you. O what anguish he would have suffered! In such a test I am sure his love for you would have been the victor. I am thankful, oh so thankful, that God guided me to revel in the joy of Billy's marriage instead of opposing it.

만일 빌리가 세상을 대충 보았더라면, 너 같은 멋진 짝을 찾을 수 없었을 것이다. 너는 그의 삶과 사역에서 매우 중요한 존재이다. 그에게 격려가 필요하다면 그를 격려해주라; 그가 슬픔의 순간에 있으면 그를 위로해주라. 인생의 모든 문제를 남편과 마주하지 않는 아내는 아내가 아니다. 그는 너를 필요로 한다. 오직 너만이 하루 하루 반복되는 고된 일의 커튼을 젖혀버리고 그의 지친 얼굴을 위로하고 사랑으로 달래줄 수 있다.

트루디
Trudy

I believe if Billy had looked the world over he could not have found a better mate than you. You are a vital part of his life and ministry. Encourage him when he needs it; comfort him in his moments of sadness. A wife is not a wife unless she faces with her husband all the problems of life. He needs you. No one but you can draw back the curtain of daily drudgery and soothe his tired brow with comfort and love.

"남편에게 복종하라"는 하나님 말씀에 영원히 순종하고, 그가 가정의 머리가 되게 하라. 또한 그것을 세상에 드러내는 것을 부끄러워하지 마라. 사려 깊지 못한 사람들은 너를 비웃고 네 생각과 방식을 바꾸려 할지도 모른다.

진정한 사랑은 사람을 결코 노예로 만들지 않는다는 사실을 기억하라. 사랑에 복종하는 것보다 더한 영혼의 바람이 무엇이겠는가? 그러므로, 세상과 다르게 살아라. 결과와 상관없이 하나님의 말씀에 순종하라. 빌리의 사랑은 영원히 너의 것이다.

하나님 사랑이 너희를 영원히 지켜줄 것이다. 하나님께서 지금부터 영원까지 너희에게 복 주시고 그의 뜻 한가운데 너희를 두시기를 축복한다.

I admonish you, be forever obedient to God's Word: "⋯ submit yourself unto your husband⋯" and let him be the head of the home. Never be ashamed to let the world know it. Less thoughtful people may laugh at you and try to change your views and ways.

But remember, real love is never a slave – maker. What more could a soul desire than to be submissive to love? So, be different. Obey God's Word regardless of the consequence. Bill's love is yours forever.

God's love will keep you both thru time and eternity. May God bless you now and always and keep you in the center of His will.

어제의 기쁜 만남
오늘의 쓸쓸한 헤어짐

오, 피할 수 없는 이별의 시간! 그 시간이 와서 우리 만남의 기쁨을 무너뜨릴 것을 오래전부터 알았기에, 그 시간이 오는 것을 두려워하고 있었다. 그러나 그것은 피할 수 없는 시간이고 그 시간은 이미 왔다. 잠시 후면, 한국에서 시작된 만남이 이제 미국에서의 헤어짐으로 작별해야한다. 그날 행사를 생각하면 나는 벌써부터 숙연해진다. 한국에서 네가 내게 건네었던 작별인사처럼 나도 그렇게 말할 수 있으면 좋겠다. "안녕, 빌리. 한국에서 보자."

YESTERDAY-A HAPPY HELLO TODAY-A GRAY GOODBYE

Oh, this inescapable hour of parting! So long have I dreaded its appearance; so long have I realized my inability to avoid it! It is already upon me! I knew it would come and sap so much the joy of the hello. Just a few more days and I must bid you farewell, a hello in Korea and a goodby in America.

Already I feel the solemnity of the occasion. I wish I could imitate your farewell to me in Korea and say,

"Goodbye, Kim, see you in Korea."

세상의 모든 만남에는 반드시 이별이 뒤따른다는 것을 알려주듯이, 그것은 길을 잃은 외로운 음표들처럼 내 마음 깊은 곳에서 울리고 있다.

모든 인간은 시작과 끝이 연속되는 끊임없는 변화로 연결되어 있고, 새로운 존재가 소개되면 소멸되는 것으로만 잠잠해진다.

한국으로 떠나는 빌리와 트루디와 작별하기 위해 나온 가족과 화물운송선
Billy and Trudy saying farewell to Trudy's Family as they board a freighter on their way to Korea(1959, Long Beach, CA)

Farewell rings like a lonely, lost note thru all the reaches of my mind, reminding me that all hellos in this life are followed inevitably by farewells.

Man's whole existence is tied to a train of constant change-succession of beginnings and endings, stilled only by death when a new existence is introduced to him.

그것은 두 나라에서 함께했던 우리 삶의 한 국면을 끝내는 쓸쓸한 음이다. 우리 삶의 많은 부분이 역사 속에 묻히겠지만, 도서관의 파일처럼 우리는 매일 그것에 덧붙인다.

오늘 우리는 운구하는 사람들 뒤를 따라가며 우리 곁을 떠나 영면한 남자의 시신을 본다. 또한 기억을 더듬어 우리는 종종 그 관 속에 있는 우리 자신의 일부를 힐끗 본다. 그것은 우리가 어제를 어떻게 살았는지에 대해 변개할 수 없는 무언의 증언이다. 그리고 그것은 우리가 심판대 앞에 설 때 우리에게 유리한 혹은 불리한 증거로 나타날 것이다.

It is a lonely note that rings an end to this phase of our lives spent together on the soil of two countries. That much of our lives rests in history, while we add to it day by day like a file in the library.

Today we file by the bier and view the corpse of a man who has gone to rest. Likewise in memory we can often pass and view that part of ourselves already on its bier, never to be changed, a mute testimony of how we lived yesterday, and there it awaits to appear as evidence for against us before the Judgment Seat.

우리에게 허락되었던 이 많은 복들은 우리 삶에서 찬란한 저녁 무지개처럼 빛나는 부분이기에, 이 작별은 특히 견디기 어렵고 이별이라는 말을 꺼내기 두려우며 그것이 수평선 아래로 결코 떨어지지 않기를 바란다. 그러나 이제 그것을 받아들이기로 한다. 너는 가서 다른 사람들에게 그리스도에 대한 구원의 지식에 이르게 하라는 명령을 받았다. 하나님 뜻은 이루어져야 한다. 우리가 원하는 것이 항상 옳은 것은 아니다. 그러나 하나님의 모든 행위는 의로 덮여 있다. 아니, 의 자체이다.

This farewell is particularly hard to endure because the many blessings which have come our way glow like a brilliant evening rainbow over this part of our lives, and I dread to bid it adieu, and I hope it never drops below the horizon. But I submit to it. I know you are commanded to go and lead others to a saving knowledge of Christ. God's will must be done. What we want is not always right. But every act of God is clothed in righteousness——nay, is righteousness itself.

지난 몇 년 동안 너와 맺은 관계는 내게 너무 소중했다. 너는 신뢰할 만한 친구로서, 가치 있고 풍성한 영향력을 나에게 십분 발휘했다. 내 삶의 작은 일까지 보여주었던 너의 관심은 나를 깊이 감동시켰고, 내가 아직 가치 있는 어떤 사람이라고 느끼게 해주었다. 우리 주 그리스도께 점점 가까이 가면서 경험했던 우리의 기쁨은 어떤 말로도 표현할 수 없다. 그것은 마치 너와 내가 그리스도를 아는 지식의 산에 점점 더 높이 오르는 것 같았다.

너의 비전이 약속의 땅을 향해 더 멀리 뻗어 있는 높은 봉우리에 도달할 때마다, 너는 그 지식 안에 아늑하고 이기적으로 싸여 있지 않고, 이해심 있는 손을 뻗어 내가 이 새로운 경험의 최고봉에 이르도록 도왔다. 이것은 그리스도 사랑 안에서 갖게 되는 풍성하고도 자연스러운 마음의 행동이다. 네 덕분에 나는 우리 아버지 하나님에 대한 믿음이 더 견고해졌고 그분을 위해 살려는 열정이 더 확고해졌다.

Priceless has been my association with you these past few years. As a friend tried and true you have exerted valuable and fruitful influence upon me. Your concern for even the little things in my life has touched me deeply and given me the feeling I am of some value yet. Indescribable is the joy I have experienced with you in drawing closer to Christ our Lord. It was like you and I climbing a mountain of knowledge, higher and higher.

Whenever you attained a higher peak from which your vision extended farther toward the Promised Land, you did not wrap yourself snugly and selfishly in that knowledge but extended an understanding hand and assisted me to this peak of new experience. This is the normal action of a heart abounding in Christ-love. Thanks to your influence I am established more firmly in the Faith of our Fathers and in zeal to live for God.

그 작별의 날에 우리는 하나의 소중한 위로를 나누게 될 것이다.

이제 우리는 경산에서 만났을 때 가졌던 마음과 상태로 헤어지지 않을 것이다. 만일 그렇지 않다면, 우리 이별은 다시 만날 수 없는 영원한 이별일지 모른다.

우리가 그리스도 안에서 사는 것이 확실한 만큼, 오늘 이 이별은 단지 일시적인 것이다. 설혹 이 세상에서 다시 만나지 못한다 하여도, 우리는 군인이 아닌 천사들이 걷고 있는 곳에서, 전쟁이 아닌 평화가 통치하는 생명나무 아래 "새로운 경산 사과밭"에서, 다시는 이별이 없는 그곳에서 만나게 될 것이다.

낡은 군용 텐트는 거기에 없을 것이다. 나는 더 이상 소총이나 총검을 갖고 다니지 않을 것이고, 포성의 함성과 포탄의 비명도 없을 것이다. 난민도 없을 것이다. 공산주의의 무자비한 손은 그곳에 이르지 않을 것이다.

너는 미군 제복이 아닌 영원한 의의 옷을 입고 있을 것이다.

On that parting day we shall share one priceless consolation.

We are not parting with the attitudes and condition of heart we had when we met in Kyongsan, else our parting could very well be a permanent one, never again to see one another.

We know that as sure as we live in Christ our parting today is none other but temporary. Though we may never meet again on earth, we are assured of meeting again never to part in a "new Kyongsan apple orchard" beneath the Tree of Life where angels, not soldiers, tread and peace, not war, reigns.

Our old army tents will not be there. No rifle or bayonet will I carry. Roar of artillery and screams of shells will be absent. Refugees will be unknown. Communism's ruthless hands will not reach there.

You will not be clothed in GI uniform but in an eternal suit of righteousness. Instead of being a houseboy, there you

너는 거기서 하우스보이*가 아닌 저택의 주인이 될것이다.

그 땅에서 우리는 우리의 귀하신 구원자 주님을 영원히 찬양할 것이다.

---

* 하우스보이(houseboy)란 사삿집이나 군부대 따위에서 허드렛일을 하는 남자아이를 의미하는 것으로, 당시 미군들은 추운 날씨를 위해 땔감을 구해오거나 군인 텐트의 청소나 설거지 등을 돕는 십대 소년들을 하우스보이라고 불렀다.

will be the owner of a mansion.

In that land we will praise forever in song our precious Redeemer and Lord.

미군 24사단 하우스보이 시절 빌리(왼쪽 첫번째 1951).
Billy(left) as houseboy to U.S. 24th Division

오 영혼아, 요단강에 가까이 갈수록
너는 곧 구원자의 소명을 들을 것이다

잠시 후면 너는 태평양을 건너 꿈으로 가득 찬 너의 고향 땅에 있게 될 것이다. 네게 친숙한 그곳은 이제 너를 향한 하나님의 뜻을 확신하고 자신의 직분에 적응한 남자의 목소리로 울려 퍼질 것이다. 행인들은 네 말에 귀를 기울일 것이다. 외딴 마을 주민들은 네 목소리를 알아챌 것이다. 농부들은 네 목소리에 반응하여 하던 일을 멈추고 허리를 펼 것이다.

노인들은 이 땅의 생명 너머 있는 새 생명에 관해 전하는 너의 말에 귀를 기울일 것이다. 곡식을 거두기 위해 들로 나가는 농부들처럼, 너는 하나님을 위해 영혼의 위대한 추수를 위해 나갈 것이다.

TO THE RIVER OF JORDAN CLOSER WE DRAW;
SOON, O SOUL, YOU'LL HEAR THE SAVIOUR'S CALL

Just a little while and you will be beyond the dreamy Pacific in the land of your birth, where your voice will ring out again in familiar surroundings, ringing this time as the voice of a man, sure of his destiny and settled in his duty. Pedestrians will hear you. Inhabitants of secluded villages will note your voice. Farmers will look up from their labors in response to your voice.

Old men and women will drink in your words about a new life beyond this one. Like aging farmers who go forth to harvest rice, you are to go to reap a greater crop of souls for God.

너의 부르심을 확신하고 가라. 한결같은 속도와 열정과 사랑으로 거두라. 네 마음에 그런 경이로움을 불러일으켰던 그 위대한 소식을 네 동포에게 전해라.

주여, 당신이 빌리를 돕는데 나를 사용하셨듯이, 많은 사람들의 영적인 삶에 더 위대한 기적을 일으키는 데 빌리를 사용하소서.

Go with certainty of your calling.

Reap with undying speed and zeal and love. Give your countrymen the great news that wrought such wonders in your heart.

Lord, as Thou used me to help Billy, now, I pray Thou will use Billy to work greater wonders in the spiritual life of many people.

미국 해안선이 네 시야에서 사라질 때 울지 마라. 대신 네 마음을 하나님께 드리고, 미국에서 네게 주어졌던 많은 복들로 인해 하나님을 찬양하라. 그곳에서 너는 구원자를 알게 되었고, 그에 수반되는 모든 복들을 알게 되었다. 너는 그곳에서 한 남자가 되었다; 너는 건전한 교육을 받았으며 너의 짝을 찾았고 많은 친구들을 만났다. 그들은 하나님께로부터 온 확실한 보물들이다!

그 짧은 시간 안에, 그렇게 의미 있는 많은 복의 소유권을 주장할 수 있는 사람에 대해 나는 들어본 적이 없다. 눈물이 네 눈을 가득 채워야 한다면, 하나님께서 네 삶에서 베푸신 큰 사랑에 대한 기쁨의 눈물이 되게 하라.

너는 황량한 언덕과 푸른 계곡으로 돌아가라,
병사의 피가 스며 있는 그곳으로 돌아가라.
피난민들이 걸었던 길을 따라 걸으며
위대한 복음과 그 가치를 전하라.
어디서든 사람들에게 쉼 없이 전하라.

Do not cry when America's shore line drops from view. Instead lift your heart to God in prayer and praise Him for the manifold blessings given you in America. There you found your Saviour and all the attendant blessings; you became a man there; you acquired a sound education, found your mate and gathered many friends. Treasures they are and straight from God!

I have heard of no man who could lay claim to so many blessings of significance in so short a time. Yes, if tears should fill your eyes, let them be tears of joy to God for such manifestations of Love in your life.

Back you go to barren hills and verdant vales,
Back where soldiers' blood infused the sods.
There to preach and great News to sell
Along the paths where refugees've trod.
Preach unceasingly to man everywhere.

사랑 안에서 전하고 기도 속에서 전하라.

겸손은 유지하고 교만은 밟아 으깨어라,

인내와 사랑 안에 항상 거하라.

Preach in love——preach in prayer.

Maintain a humble heart and crush your pride,

In patience and kindness always reside.

빌리와 트루디
Billy & Trudy

이른 아침부터 바쁘겠지만 만약 네게 잠시의 틈이 주어진다면, 내가 죄에 맞서 나 자신을 지탱하는 데 필요한 영적인 힘과 하나님의 도우심을 위해 기도해주길 바란다.

나는 인간과 하나님을 이해하는 데 많이 자라긴 했지만 아직 그 길을 더 가야 한다. 사탄은 끊임없이 나의 방향을 바꾸려고 한다. 그렇기에 나를 위해 기도할 때, 내가 항상 하나님 뜻 안에서 살고 행하기를 기도해주길 바란다.

나를 위해 기도할 때,

우리 민족이 마지막 때가 오기 전에 그리스도를 알도록 기도해주길 바란다.

이제 작별이다… "잠시 후에" 만나자.

I realize you will be busy from dawn to dusk in Korea, but if you do have a spare moment, remember me in prayer for I need spiritual strength and Divine help to sustain myself against the ravagers of sin. I have come a long way in the understanding of man and God, but I have yet far to go.

Satan is seeking to divert my course. So, pray that I shall always live and act in the will of God. And, as you pray for me, be sure to ⋯

Pray for my people as you pray for me,
That they may know Christ before eternity.

So long for now ⋯ see you in a "little while!"

알파와 오메가 되시는
나의 하나님께

나의 구원자 나의 주여, 당신의 영원한 자비와 사랑을 기억하
며 내 영혼을 올려드립니다. 땅과 하늘, 우리 인생의 모든 곳에
서 피조물들은 주의 영원하신 능력과 신성을 선포합니다. 오, 나
의 영혼아, 너는 핑계치 못할지어다. 이 기이한 증거를 주목하고
빛과 구원과 능력이신 너의 하나님을 항상 기억하라.

UNTO MY GOD
The Alpha and the Omega

Unto Thee, O Lord, my Redeemer, I lift up my soul in remembrance of Thy tender mercies and loving kindnesses which are without end. In the terrestial and heavenly spheres and in every aspect of our lives Thy handiwork is proclaimed, even Thy eternal power and Godhead. O, my soul, you are without excuse. Take note of this miraculous evidence and remember always thy God of Light, Salvation and Strength.

한국 전쟁터에서 저와 함께하셨던 하나님께 감사합니다. 주께서는 제가 죽음의 골짜기를 통과할 때도, 흙먼지로 뒤덮인 길을 걸을 때에도 저와 함께하셨습니다. 주께서는 제가 빗발치는 총알 속에 있는 동안에도 저를 지켜주셨습니다. 주께서는 저의 마음을 증오로부터 보호해주셨고 한국인들에 대한 사랑으로 저를 채우셨습니다.

전쟁의 한가운데서 저의 물리적 육체를 보존해주신 것 때문만이 아니라, 증오와 불화不和의 사탄의 점령에 맞서 저의 영혼을 지켜주셨기에 저의 영혼이 더욱 주님을 찬양합니다.

Thank you, Lord, for Thy presence with me on Korea's battlefields. You walked with me thru those valleys of death and along the dusty, cratered rads. You preserved me in the midst of searching bullets, You shielded my heart from hatred and tilled it with love for the Korean people. Hear, O Lord, my soul's song of praise, not just for preserving my body in war but much more for preserving my spiritual body against satan's conquest of hate and misunderstanding

제가 무엇이기에, 한 한국 소년의 삶에서 주의 뜻을 이루는 가치 있는 도구로 저를 생각하셨습니까? 제 안에는 그런 존경받는 자리에 택함받을 아무것도 없습니다. 그렇기에 주님의 택하심으로 저는 겸손해집니다. 주께서 그의 삶에서 행하라고 제게 요구하신 모든 것을 이제 마쳤습니다.

이 8년의 시간은 당신과의 관계에서도 빌리와의 관계에서도 풍성하고도 잊히지 않을 경험이었습니다. 이것이 주님께 대해 커져가는 제 믿음의 시작이자 빌리와 영원한 우정을 나누는 시작이 되게 하소서. 이 아름다운 경험으로 저를 깨워주시고, 우리 삶을 함께 이끌어주셔서 감사합니다. 또한 가장 가슴 설레고 행복하고 의미 있는 시기를 통과하며 우리 삶을 함께 이끌어주셔서 감사합니다. 빌리를 돕기 위해 제가 행하고 수고할 수 있는 용기와 결단력을 주셔서 감사합니다.

What am I, Lord, that Thou considered me a worthy instrument of Thy will in the life of a young Korean boy? I see nothing in me that would elect me to that esteemed position. Yet, I am humbled by Thy selection. I trust I have fulfilled all Thy requirements of me in Billy's life.

The association with Thee and with Billy these eight years has been a rich and memorable experience. May this be just the beginning of my growing faith in Thee and a lasting friendship with Billy. Thank you for awakening me with this beautiful experience and for guiding our lives together thru a most inspiring and uplifting and meaningful period. I am grateful for the courage and determination that kept me acting and striving in Billy's behalf.

그에게서 발견되는 멋진 우정과 그가 교육받을 수 있는 기회와 능력, "아버지의 일"에 대한 건강과 열정을 그에게 주셔서 진심으로 감사드립니다. 무엇보다 그의 영혼을 구원해주시고, 천국의 확실한 상속자가 되게 해주셔서 감사합니다. 저는 주의 말씀을 전하기 위해 주께서 그를 택하심에 기쁨의 전율을 느낍니다. 얼마나 영광스러운 일인지요! 주여, 그가 주님의 뜻 안에서 몸이 결코 쇠약해지거나 넘어지지 않도록 지켜주소서.

카얼 파워스와 빌리
Carl Powers & Billy Kim

For the wonderful friendship I found in him, for the opportunity and ability to help him acquire an education, for his good health, his zeal to be about "his Father's business," I humbly thank Thee. Most of all, thank you for saving his soul and making his heir–ship to a Heavenly mansion a certainty. I am thrilled that You have selected him to preach Thy Word. What an honor! Keep him in Thy will, Lord, that he may never faint or stumble in the flesh.

미국에서의 출국을 준비하는 빌리에게 복을 주소서. 이 땅을 떠나기 전 그가 드리는 마지막 남은 예배에서, 많은 영혼들을 당신의 집으로 돌아오게 하는 그의 사역과 설교에 능력을 더하여주소서. 영적 호흡으로 그의 폐를 채우시고, 타협하지 않는 열심으로 그의 심장을 채우시고, 하늘의 신령한 지식으로 그의 마음을 채우시고, 모든 임무를 효과적으로 감당하기에 충분한 힘으로 그의 몸을 채우소서.

빌리가 청중들의 가슴에 닿을 수 있는 길을 주님께서 예비해 주시고, 또한 그들이 그것을 받아들임으로 영혼의 기쁨이신 주님을 발견하게 되길 기도합니다.

빌리가 미국 땅에서 발을 떼어 배에 오를 때, 이 땅에서 빌리가 머물렀던 시간들에 대해, "너의 충성과 열정과 수고로 인해 나는 참 기쁘다."라는 주님의 속삭임이 그의 마음에 들리기를 기도합니다.

광활한 태평양 물을 잠잠케 하셔서 그들이 반대편으로 안전하게 건너가게 하소서.

Bless Billy as he prepares his exit from America. In his last few services in this land exert Thy power in his action and speech that many souls will come Home to Thee. Fill his lungs with spiritual breath his heart with uncompromising zeal, his mind with heavenly knowledge, his body with adequate strength to discharge all his duties effectively.

I pray that You will prepare a way for Billy to reach into the hearts of his hearers, that in their receptiveness they will find their souls' delight––the Lord. As Billy boards his ship, lifting his feet from America's soil, I pray that his stay in this land will have been of such standing that You can whisper to his heart, "In they faithfulness and zeal and labor I am well pleased."

Still the waters of the vast Pacific so they may cross safely to the other side.

그가 한국 땅에서 입을 열어 복음을 증거할 때, 전하는 그의 말에 권세를 주셔서 사람들 마음이 주께로 향하게 하소서.

그의 목소리가 도시와 시골, 산과 골짜기를 넘어 한강과 금강, 낙동강을 건너 복음과 함께 퍼질 때, 행인들이 듣고 농부들이 그 복된 소식에 귀 기울이게 하소서. 그의 생명이 다할 때까지 주의 종으로 저의 친구로 거룩한 길 계속 걷게 하소서.

우리 모두가 당신의 보살핌 속에 머물게 하시고, 지혜와 믿음과 사랑 속에서 자라게 하시며, 이 복들이 누구로부터 오는지를 기억하고, 당신의 영광을 위해 그것들을 사용하게 하소서. 우리가 이 땅에서 다시 못 만난다 해도, 영생이 있는 사랑의 땅에서 당신의 임재 가운데 만나게 하소서.

When he speaks again on Korea's soil give his voice a ring of power that will set hearts moving to Thee. May his voice sound unceasingly with the Gospel thru city and country, over mountains and valleys, across the waters of the Han, Kum and Naktong rivers. May pedestrians hear, old farmers take note of the great news. To his final day keep Thy servant and my friend walking the holy way.

Keep us both in Thy care, grant it that we might grow in wisdom, faith and love and that we will remember from-Whom these blessings come and use them for Thy glory. If we never meet again on earth, may we meet in Thy presence in the land of Love forever to live.

빌리와 트루디의 결혼 생활에 복을 주셔서, 그리스도께 굴복된 두 영혼이 이루는 가정이 어떤 평강과 기쁨을 누릴 수 있는지 생생한 본이 되게 하소서. 그들이 어려움 가운데 있을 때 그들에게 달콤한 평강으로 함께 해주시고, 슬픔의 순간에는 그들의 가슴 속에 햇살을 내려주소서. 사탄의 손에서 그들을 보호하여주소서. 그들의 마지막 날까지, 그들이 1958년 8월 8일 당신께서 그들에게 명하셨던 것, 곧 한 몸 됨과 주 그리스도를 향한 헌신의 하나됨 이외의 어떤 다른 모습으로 있지 않게 하소서.

영광과 능력과 위엄이 당신께 세세토록 있기를 원합니다. 아멘.

Bless Bill and Trudy in their married life, that their home-life may be a living example of what peace and joy two Christ-surrendered souls can have. In their moments of trouble whisper sweet peace to them. In their moments of sadness drop sunshine into their hearts. Preserve them from satan's clutches. Until their last days may they be nothing less than what You commanded of them August 8, 1958-one in flesh and one in their devotion to Christ their Lord.

Unto THEE be GLORY and POWER and MAJESTY forever and ever and ever without end.

AMEN.

편지
그 후
이야기

카얼 파워스(Carl L. Powers)를 그리며

Carl카얼.

Carl이란 이름이 우리에겐 제법 생소할 수 있지만 서양에서
는 그래도 비교적 흔한 이름 중에 하나라고 할 수 있습니다. 때
로는 '찰스Charles'라고 불리는 이름이기도 하고요. 우리식 발음
은 다소 어려울 수 있지만, '카얼' 혹은 '카를'이라고 할 수 있을
것 같습니다.

네이버 사전을 찾아보면 '남자를 의미하는 게르만어에서 나
온 이름으로서 종종 자유인, 누구에게 속하지 않은 사람을 지칭
했다'라는 설명이 나옵니다. 한국번역연구소에 의하면 본래 프
랑스어 인명 샤를Charles이 영어 발음으로 와전된 것으로 친척뻘
인 독일 이름 KarlCarl은 사람, 혹은 남성이라는 뜻이라고 합니
다. 흥미롭게도 이 이름의 기원에 대해서 또 다른 설이 있는데,

186

Afterward

Carl is an old German variant of the name Charles, and is sometimes spelled Karl. The historical meaning includes 'man', 'free man', or 'warrior'. I think all 3 of the meanings fit Carl Powers very well.

Carl was no ordinary guy because he was manly and masculine. He was born and raised in the cold mine country of Dante, Virginia. Living in the mountains made him tough, but not tough in spirit. He may have seemed tough physically speaking, but he was gentle and humble.

Carl's life well represents a free man because he was genuinely free at heart, which later became freedom in Christ. It was his free and courageous spirit that led him to the war-

바로 고대 독일어로 군대, 혹은 전사들이란 뜻이라고도 합니다.

넓게 보면, 그의 이름에는 적어도 세 가지 의미를 적용할 수 있을 것 같아 보입니다.

남자, 혹은 남자다운.
자유, 혹은 자유로운.
군인, 혹은 전사다운.

제가 보기에 카얼 파워스 선생님께 너무나 잘 어울리는 이름이라고 느껴집니다. 지금까지 만나 본 남자 중에 가장 남자다움이 느껴진 사람 중에 한 분이었고 그의 영혼은 한없이 맑고 자유로웠으며 더 나아가 군인처럼 용맹스러운 모습들을 발견할 수 있었기 때문입니다.

사실 파워스 상사의 이름을 발음하기 어려웠기 때문에 한국 전쟁중에 그에게 한국식 이름을 붙여준 사람도 있었다고 합니다. 고(카얼), 팔수(파워스). 어찌 보면 거꾸로 된 이름이긴 했죠. 왜냐면 영어로는 그의 성이 '파워스'이고, 이름이 '카얼'이니까요. 그래도 그럴듯한 이름이었던 것 같습니다.

그래서인지 아버지께서는 그 어르신을 부를 때 애칭처럼 '고팔수'라고 불렀던 기억도 있습니다. 누군가 한국식 이름을 붙여

torn country of Korea. It was this spirit that caused him to look after a young teenage boy in a strange country who spoke a strange language and ate strange food. I can only think of one reason for this; freedom embraces and welcomes. Freedom opens up a new world, new possibilities, new relationships, and a new future. This is the beauty of freedom that embodied Carl's life.

Last but not least, best to my recollection, Carl was a true fighter. If he wasn't a fighter, he would have stayed home rather than risking his life in combat.

But he decided to fight for freedom that could have been stolen. In a nutshell, he fought and risked his life for freedom's sake.

I've actually never looked up the meaning of the name Carl until now. I guess I never really thought that it would be of any significance. But I am so happy that I decided to do a little research because it fits the Carl I know so well. Even in his absence it's the perfect reason why I can celebrate his presence – in the here and now – as if he were still here.

My dad's school was bombed during the Korean War,

준 덕에 조금 더 친근한 느낌도 드는 것 같습니다.

저희 아버지는 전쟁 통에 미군들의 심부름을 돕는 허드렛일을 하게 됐습니다. 흔히 '하우스보이'라고 했죠. 학교가 폭탄 맞고 수업을 할 수도 없으니 그 당시 15세 소년으로 할 수 있는 일이 별로 없었던 것입니다. 미군 한 사람과의 인연이 미국으로 건너가 공부를 하고 미국 여자와 결혼까지 하는 계기가 될 것이라고는 상상을 못 하셨겠죠. 그런데 만남이란 그런 것 같습니다. 결과까지는 예측할 수 없으니까요. 아무튼, 파워스 선생님을 아버지가 전쟁 통에 만나지 않았더라면 저는 이 세상에 존재할 수 없었겠죠. 그런 의미에서 파워스 선생님은 저에게 있어서도 적지 않은 영향을 주신 분입니다.

어린 시절, 말도 안 되는 나이에 1년 가까이 유학을 떠났던 적이 있습니다. 제 나이 만 열 살이었습니다. 그때 버지니아주의 산골짜기에서 저는 파워스 선생님(그 당시에 제가 다닌 Ervington 초등학교의 선생님)과 같이 살았습니다. 선생님은 검소하기로 유명해서, 미국에서 자동차를 구입하지 않고 운전도 하지 않는 분이셨습니다. 돈이 없어서가 아니라, 그냥 일평생을 그렇게 살아오셨습니다. 그래서 눈이 오나 비가 오나 저희 둘은 날마다 왕복으로 약 8킬로미터가 되는 거리를 걸어 다녔지요. 하지만 그

which meant he could no longer go back.

This couldn't have been easy for a 15 year-old. However, he did say there was one good thing that came out of it. I asked, "What was that?" To which he shockingly replied, "All my report cards burnt up."

I thought my dad was a grade A student, but maybe not. Or he could have said that to get me to laugh.

Actually, there was more than just 'one good thing' that took place because my dad met someone that impacted his directionless life.

Since there wasn't much left to do, he decided to become a 'houseboy' for the American soldiers. It was like 'fair trade' because he helped the soldiers with laundry, clean up their tents, boots, and much more. In return, he received Hershey candy bars, Wrigley Spearmint gum, canned goods, Marlboro cigarettes, and other cool items that he had never seen before.

This was a good thing because this is when he meets Sargent Carl Lee Powers from Dante, Virginia.

Being about 6 years apart in age, Carl befriended my dad despite linguistic challenges. But when you care about some-

시간이 정말 행복하기 짝이 없었답니다. 자연을 느끼며 한가롭게 대화를 하면서 말이죠.

저는 그분께 너무나 많은 것을 배웠습니다. 그리고 참 고마웠습니다. 한국전에 참전하신 것도 고마웠지만, 저를 1년 가까이 먹여주시고, 입혀주시고, 재워주시고, 학교를 보내주시고 글에 대한 열정을 갖게 해주셨습니다. 비록 나이 차이는 있었지만, 정말 친구처럼, 아저씨처럼 그리고 때로는 아빠처럼 대해주셨지요. 그분이 몇 해 전에 85세의 일기로 천국으로 이사를 가셨습니다.

마음도 아프지만, 다시 뵙고 싶은 마음이 간절합니다. 그리고 무엇보다 저에게 희망을 심어주신 것처럼 저도 작은 희망의 통로가 되는 사람으로 살고 싶습니다.

그리고 언젠가 파워스 선생님과 여러 사람들의 추억이 가득한 시골집을 보수하여 글쓰는 사람들에게 영감을 줄 수 있는 작가들을 위한 장소로 만들고 싶은 소망이 있습니다.

저의 부친께서는 파워스 선생님으로부터 받은 사랑을 힘입어 십여 년 전에 장학재단을 설립하게 되었고 저도 이제는 그 장학재단과 인연을 맺게 되었습니다. 장학재단은 단순히 장학금만 마련하는 일을 하는 것을 넘어 사람을 세워가는 과정의 출발점이 된다는 사실을 조금씩 배워가고 있습니다. 아버지와 파

one and take interest in their life, language isn't much of a barrier. Carl genuinely cared for my dad and eventually gave him an opportunity to go to America to study.

It must have seemed like a ludicrous idea at the time, especially right in the middle of a war. Carl helped my dad go to high school and then on to college and even grad school, until his return to Korea with his American bride, Trudy.

I had the privilege of living with Carl in his home in Dante when I was 11 years old and was baptized alongside of him at the River of Jordan. I learned so many things while I lived with him, walked with him, ate with him, played with him, and prayed with him. He was a friend, a teacher, and a cheerleader in my life.

I have the privilege of leading the PK Scholarship Foundation that was found in honor of two very special men in my life: Carl Powers and my dad, Billy Kim. The foundation exists to help students in need, much like my dad during his teenage years in a war-torn country.

One day, it is my hope to be able to turn Carl's home into a type of 'Writer's Retreat' in memory of Carl and his passion

워스 선생님의 만남처럼 말이죠. 그리고 그 만남은 우리의 상상을 뛰어넘는 결실을 낳게 됩니다.

그래서일까요? 저희 아버님은 입이 닳도록 말씀하십니다. "사람이 사람을 만나면 역사가 일어나고, 사람이 하나님을 만나면 기적이 일어난다"고 말입니다.

김요한

극동PK장학재단

Homepage www.pkscholarship.org
contact scholarship@febc.net
전화번호 02-320-0145
주소 04067 서울시 마포구 와우산로 56, 2층

for writing so that people could visit and also be inspired by his story.

John William Kim